美しく枯れる。

玉袋筋太郎

KADOKAWA

はじめに――50代を迎えて、オレの人生は激変した

初《しょ》っ端《ぱな》から真面目な話になるのだけど、ちょっと聞いてもらえるかな？

オレが長年にわたり心血を注いできた漫才コンビ「浅草《あさくさ》キッド」は、正式な解散宣言こそしていないものの、実質的な〝解散状態〟にある。というか、無期限活動停止中って感じかな。今後、相棒である水道橋博士《すいどうばしはかせ》と一緒にまた漫才をするかどうかは、現在ではまったくの白紙状態というわけだ。

どうしてこんなことになっちゃったのかな？　自分でもよくわからないよ。

そして、10代の頃から心の支えであり続けた師匠・ビートたけし――「殿《との》」――との距離も遠のいている。もちろん、オレが殿に弟子入りした高校3年生の頃と変わらずに、殿は、いまのオレをここまで導いてくれた恩人であり、心から尊敬している。これまで同様に「師匠と弟子」という関係性はもちろん変わらないけれど、会社も別になってしまい以前のように頻繁に会えなくなってしまった。

詳しくはこの本のなかに書くけれど、殿からは「これからも頑張れよ」って温かい言葉

もかけてもらっている。

2018年7月に、『粋な男たち』という新書を出版させてもらったのだけど、あれから約5年半余りのときを経て、オレを取り巻く環境は激変した。

2020年に、長年お世話になった株式会社オフィス北野《きたの》（現・株式会社TAP）を辞めて、オレはフリーの芸人として独立した。それに伴って、兄弟弟子である「たけし軍団」からは離れ、相棒である水道橋博士ともほぼコンタクトを取っていない。

おかげさまで好評を博している、BS-TBSで放送中の『町中華《まちちゅうか》で飲《や》ろうぜ』がはじまったのもこの期間内（2019年放送開始）のことだった。2017年に東京・赤坂見附《あかさかみつけ》にオープンした「スナック玉ちゃん」は、コロナ禍をどうにかこうにか乗り越えて経営を続けているよ。

プライベートでいえば、初孫が生まれて、このオレもついにジイちゃん、いわゆる「じいじ」になっちまった。まさか自分が、大泉逸郎《おおいずみいつろう》のヒット曲『孫』を聴いて、「う〜ん、わかるよその気持ち！」って涙しながら酒を呑《の》むようになるとはね。

そして、あとで詳しく触れるけれど、長年連れ添ったカミさんが家から出て行っちまったんだ。無論、すべての原因はオレにあるのだけど、まさかこんなにさみしい思いで毎日を過ごすことになるとは夢にも想像しなかった。

前回出した本では、父親が自殺していたこと。その原因は、姉夫婦が父親に金を無心していたからだったこと。その結果、姉夫婦とは絶縁したことについて述べたけれど、唯一残った肉親である母親は施設に入って、順調にボケていっている。いまとなっては認知症もだいぶ進行しているから、施設に面会に訪れても、オレが誰だか、それこそ自分がどこにいるのかもよくわかっていないみたいだ。

オレは1967年、昭和でいえば42年の生まれ。今年2024年の6月で57歳になる。俯瞰《ふかん》して見れば、ちょうど50代を迎えた頃から人生が激変したということになるよな。

自分を取り巻く環境が目まぐるしく変わり、「一生の仲間だ」と思っていた人たちが、自分の近くから離れていってしまった。もちろん、新たな出会いもあったし、新しい仕事にも恵まれたよ。

けれども、予想できなかったことばかりが立て続けに起こって、正直にいえば当惑していたのも事実なんだよ。

で、あらためて思ったね。

「50代を生きるって、とても大変で、難しい」って。

40代までは、そこまで深く考えずとも突っ走ることができた。もちろん、それなりに悩んだり、迷ったりしたこともあったけれど、それでも、がむしゃらに突っ走っていればなんとか突破口を見つけることができた。

だけど、50代を迎えた途端に、人間関係も、仕事も、夫婦関係も、家族関係も変わった。「人生って難しいな」って感じる機会が増えたんだ。自分の力ではどうにもならないことが急に増えたような気がする。いや、確実に増えている。

あまり泣き言はいいたくないのだけど、かといって強がって見栄《みえ》を張って心にもないことを述べるつもりはない。だって、オレ自身そんなキャラじゃないからさ。だからこそ、

50代も半ばを過ぎて右往左往しながら、それでもなんとか前に進もうと懸命にもがいている現在の率直な気持ちを、この本では書いていくつもりだよ。

いつまでも「辛《つら》い」とか「大変だ」とかいっていても仕方ないよな？　だからさ、**オレはオレなりにこれからの人生の目標っていうか、生き方の基本を「美しく枯れる」ということにしようと考えている。**

「美しく枯れる」って、なかなかカッコいいじゃない？

誰にだって与えられた1日の時間は平等で、時間の経過と共に年を取る。誰だって年を取ればいろいろガタも出てくる。これまで生きてきた成果が、いいことも悪いことも表に出始めてくる。

そんな現実を受け入れつつ、そんな自分を認めつつ、オレは「美しく枯れる」ということを意識して生きていきたい。

考えてみなよ。

老木には老木の美しさがあるじゃない。

加齢臭を蘭奢待《らんじゃたい》のように味わいあるものにしたいじゃない。

これからの人生を、オレはそんな境地で生きていきたい。

いまのオレと同じように、困難な境遇にある人もいるよな。

オレなんかとは比べものにならないくらいに、もっとハードな悩みに打ちひしがれている人だっているかもしれない。

オレの考えや言葉が、抜本的な解決策になることはないにせよ、「オレが置かれている状況、いま考えていることが、少しでもいいから誰かの支えになったり、ヒントになったりすればいいな」。そんな思いだけは持っている。

これから、前回の本『粋な男たち』を出してからオレの身の回りに起こったことを正直に話していくよ。そして、そのときオレがなにを感じ、いまはどんな思いでいるのかを振り返っていくよ。

少しでも、誰かにとってなにかの足しになればいいなって、思いながら。

キーワードは、「美しく枯れる」。

じゃあ、しばらくのあいだオレの話にお付き合いくださいな。

目次

第1章 人間関係って大変だよな

第2章

「発酵」した50代の仕事観

第3章

夫婦ってなんだか難しい

第4章

新しい命と消えゆく命とともに

第5章

「人生」のこと、考えてみよっか

第1章

人間関係って大変だよな

ところで、浅草キッドは解散したの？

「はじめに」でも書いたように、現在のオレは「浅草キッド」としての活動はなにもやっていない。最近よく、「浅草キッドは解散したんですか？」って尋ねられるのだけど、的確な言葉で答えることができないでいる。

ただ現実的には、漫才コンビ・浅草キッドは事実上の解散状態……そこまでいかずとも、無期限活動停止中といっていい。

詳しくは第２章に書くとして、いまのオレは独立して個人事務所に所属しているし、相棒である水道橋博士はオフィス北野が分裂して誕生した別の事務所（ＴＡＰ）に籍を置いている。博士もオレもふたりともまだ生きているわけだから、ふたりで漫才をすることが絶対に不可能ではないにせよ、かなり難しい状況であることは間違いない。

これは、「芸能界だから」とか「芸人だから」といったことではなく、どんな人にも起こり得ることだと思う。いままであたりまえにあった存在が突然、目の前から消えてしまったときの驚き、そして喪失感といったら……。それはもう、言葉では言い表すことができないくらいショックだった。

一般企業に勤めている人の大変さは、芸人しかやったことがないオレにはよくわからない。でもさ、いきなり関連会社への出向を命じられたり、予期せぬ左遷に見舞われたり、あるいは信じていた人に裏切られたり、まったく予想もしていなかった別れに見舞われたりすることはきっとあるよな。

この章では、50代になったら多くの人が経験する「人間関係との向き合い方」について、オレに起こった事例を挙げながら述べていきたいと思う。

突然の環境の変化に戸惑いながら、それでも新しいことを探そうと奮闘しているオレの話を聞いてほしい。

話を戻すけれど、多くのファンの人たちからの、「また浅草キッドの漫才が見たい」とか、「博士と一緒に舞台に立ってほしい」という声は、もちろんオレの耳にも届いている。できることならオレだって、もういちど博士とコンビとして舞台に立ちたいよな。だって、オレ自身が浅草キッドの大ファンなんだから。

だけど、本音をいえば、「それはちょっといまじゃないよな……」と思っている。

いまの状況はボタンの掛け違いで、いろいろこんがらがって、ぐちゃぐちゃにもつれてしまっている状態だから。釣りでいったら、釣り糸のお祭り状態だな。自分の仕掛けと他人の仕掛けが複雑に絡まりあったような感じだよ。

これから話すことは、あくまでもオレの言い分であって、博士が読んだら「いや、それは違う。勝手なことをいうなよ」となる部分もあるかもしれない。そのことは念頭に置いたうえで、ここから先を読んでほしい。

もちろん、「オレが正しい！」と声高に訴えるつもりもないよ。なんだってそうだよな、**一方的にどちらかが正しいということはないのだから。**

殿がオフィス北野から抜けて個人事務所（株式会社T．Nゴン）に移るタイミングで、オフィス北野は完全な分裂状態となった。ビートたけしという偉大な存在に憧《あこが》れて弟子入りした以上、オレは殿のいない事務所にとどまるつもりは毛頭なかったよ。もちろん不安はあったよね。でも、博士とオレには長年築きあげてきた「浅草キッド」という看板があり、漫才があったから。

だから、**「これからは殿に頼らず、自力で生きていかなくちゃいけないな」と考え、博士と一緒に独立してふたりで歩んでいくことを決意した。**

そしてあるとき、オレは博士にいったよ。

「小野《おの》さん（水道橋博士の本名）、オレたちにはそれなりの名前があるし、それぞれに仕事もあるよね。なにより、浅草キッドとしての漫才がある。大変かもしれないけどさ、これからは自力で生きていこうよ」

オレとしては、もちろん「そうだよな。これからは浅草キッドとしてふたりで生きていこう」と、ふたつ返事で応《こた》えてくれるものだと高を括《くく》っていたよ。

ところが、現実はそんなに甘いものじゃなかった。

「赤江《あかえ》くん（オレの本名）、それは〝義〟じゃないよ」

この頃、博士はしばしば「義」という言葉を使っていた。孔子《こうし》の書いた『論語』の一節であり、日本の武士道の根本理念である**「義を見てせざるは勇なきなり」**という言葉に感化されていたのだろう。

これまでお世話になってきた事務所（オフィス北野）が存亡の危機にあるタイミングで、そこから逃げ出して自分たちだけで新しい安住の場所を求めることは義ではない。目の前に困っている人がいるのならば、見て見ぬふりをするのではなく、手を差し伸べよう——。

それが、博士の考えだった。

残るのも「義」、去るのも「義」

もちろん、博士の言い分も理解できる。オレだって、お世話になった人たちをあっさり見限って、すたこらさっさと逃げ出すつもりなんかない。

でも、だからといって、殿のいない事務所に残るつもりはなかった。それならば、見切り発車かもしれないけれど、オレは〝自分の足〟で立つことをしたかった。もちろん不安しかないよ。だって、うまくいく保証なんてなにもないんだからさ。

だけど、「このままではオレはダメになる」——そんな予感がしていた。

これは、あくまでもオレの想像だけど、「浅草キッドとして漫才を続けること」と「お世話になった人たちとこれからも過ごすこと」を天秤《てんびん》にかけたときに、博士にとっては浅草キッドよりも、〝彼なりの義〟のほうが重かったのだろうとオレは感じたんだ。

オレは、ここまでお世話になったからこそ、当然のことながら、ほかのどこかの事務所に移籍するつもりはサラサラなかった。でもこれからは、**「浅草キッドとして独り立ちして、自分たちの足で歩きはじめることでみんなに恩返ししたい。それこそが、本当の義じゃないのか」そんなふうに捉《とら》えていた。**

そこが、博士とオレとの決定的な考え方の違いだった。

もちろん、どっちが正しいとか、正しくないとか、そう簡単に答えが出る問題じゃない。わかっちゃいるけれど、だけどやっぱり、あのときはさみしかった。それが偽らざる本音だよ。

オレは、博士と一緒にこれからも漫才を続けたかった。

もちろん、オレもそのまま事務所に残って、たけし軍団のメンバーとの関係性を保ちながら、浅草キッドをやっていくという選択肢もあったわけだよね。でもオレは、殿に憧れて事務所に入った以上、「殿がいないなら、それは違うだろ」という譲れない思いがあった。

殿がつくった事務所だから、たとえ殿がいなくなってもそこを守り続けること。

殿がいないのならば、これからは自立して恩返しすること。

博士とオレ、ふたりの考えは正反対だった。

あの日、博士にいわれた「それは〝義〟じゃないよ」という言葉。いまでもはっきりと耳に残っているよ。そしてそれは、長年にわたり築きあげてきた「浅草キッド」とのお別れの瞬間だったのかもしれない。

いまは、そんな気がしてならない。

「ビートたけし」という看板を背負っての自立

さっき、「自立」っていう言葉を使ったけれど、例えば、立川談志《たてかわだんし》という偉大な落語家、大名人がいたよね。談志師匠はすでに亡くなってしまったわけだけど、それでも、立川志《し》の輔《すけ》、立川談春《だんしゅん》、立川志《し》らくといった弟子たちがそれぞれの個性を発揮し、「談志イズム」をしっかりと継承している。

彼らは芸風も目指すものも違うのだろうけど、そこには必ず「談志」という共通の匂いのようなものがある。

師匠の教えを受け継ぎつつ自分の「看板」を掲げて、自分の足で歩いている。それこそが、オレが理想とする「師匠と弟子」のあり方なんだ。

これをサラリーマンの立場に置き換えてみると、自分が成長したり一人前になったりしたのは、間違いなく「会社」という後ろ盾があったからだよな。だからこそ、自分を育ててくれた会社に対する感謝の念を忘れちゃいけないし、忘れることもないだろう。

そして、ここからはふたつの考え方に分かれてくる。

ひとつは、「お世話になったからこそ、この仲間とともに定年まで勤めあげよう」という考え方。そしてもうひとつは、「お世話にはなったけれど、ここで学んだことを活《い》かして、新たなステージで力試しをしよう」という考え方。

それぞれの人生観や仕事観によって、その選択は異なってくるだろう。浅草キッドであれば、博士が前者であり、オレは後者だったのかね。

オレは、ビートたけしという偉大な存在に憧れ、間近に接しながらお笑いの道を歩んできた。あまりに偉大過ぎて、殿の足元にも及ばないけれど、**オレの体内には確実に「ビートたけし」という血が流れている。**

誰になんといわれようとも、それは揺るぎない事実だよ。

当然、博士もそこに関して異を唱えることはないだろう。だから、殿がいなくなったあとの身の振り方だって、オレと同じことを考えると信じていた。でもそれは、オレの身勝手な思いであり、うぬぼれであり、過信だったんだって、いまなら理解できるよ。

長年、苦楽をともにした間柄だから、なんでもわかり合っている——。

それは、傲慢《ごうまん》な独りよがりだと、今回の一件ではじめて悟った。
とはいっても、割り切れない思いもある。
オレたちの漫才では、博士がツッコミでオレがボケだから、「いい加減にしろ！」って
オレが突っ込まれる立場なのだけど、今回だけはオレのほうが「いい加減にしろ！」って
いいたい気分だったりしてね。

オレは、「浅草キッド」という看板に絶対の自信を持っていた。
博士とふたりで、長きにわたりずっとこの看板をピカピカに磨きあげてきたという自負
があった。オフィス北野在籍時は、先輩たちに対しては入門の後先では負けるけれど、
「舞台では誰にも負けない」と思っていた。
もちろん、博士にだって「浅草キッド」であることのプライドがあっただろうし、「誰
にも負けない」という自負もあったろうね。

博士もオレも、浅草キッドを愛していたのだから――。

漫才師「浅草キッド」が誕生した瞬間

学校を卒業して、社会人になったときのことを思い出すことってあるよな。当時を振り返ると、きっとオレだけじゃなくて、読者のみなさんも、期待と不安が入り混じった、なんともいえない感情を抱いたはずだ。

あれは10代後半、もしくは20代前半の若者だけが持つことを許された、独特な感情だよね。さすがに50代になったいまでは、あの頃のようなみずみずしい感情はなかなか持てなくなってしまった。でもさ、「初心忘るべからず」じゃないけれど、**あの頃の自分を振り返ってみるのも、原点回帰という意味では無意味じゃないとオレは思う。**

殿が太田《おおた》プロを辞めて、オフィス北野が誕生したのは1988年のこと。ときを同じくして、博士もオレも、末端中の末端としてオフィス北野に入ることになった。兄弟子・たけし軍団の見習い生として、修行の日々のはじまりってわけだよ。

この頃のことは前回の本に詳しく書いたのだけど、浅草の「フランス座」という劇場で、朝9時から夜の9時まで博士と一緒に働き詰め。その後は、劇場の社長が経営していた

「スナック フランス座」で、深夜までボーイの仕事が待っている。それでバイト代は月に3万円。日給1000円でひたすら働いていた。

でも、どんなに仕事が厳しくても稼げなくても、博士もオレも「漫才をやりたい」という情熱を失うことだけはなかった。だけど、たまにバイトを離れてテレビの収録現場に出ても、兄弟子たちの世話をするだけの日々……。簡単にいえば、たけし軍団の兄さんたちのパシリだよな。メンバーそれぞれのタバコの銘柄をきちんと準備しておいて、兄さんたちがポケットからタバコを取り出した瞬時に火をつけるのは朝飯前。それこそまるで、高級ソープ嬢のようなきめ細やかな気遣いだよ！

ちなみにここだけの話、オレが嬢になったら、指名が殺到するだろうけどね（笑）。

そんなことをしていたある日、「事務所を辞めさせてほしい」というために、博士と一緒に殿に会いに行ったことがある。でもさ、本音をいえば、これは博士とふたりで「仕掛けた」んだよ。

オレたちは、漫才をしてなんとしても舞台に立ちたかった。もちろんその感情は、芸人としてのまっとうな欲求であるとも思っていた。だからこそ、殿はきっと理解してくれると信じていた。

ある日、殿の自宅に行って、開口一番「辞めさせてください」って、博士と一緒に土下座した。すると殿は、「どうしたんだよ、理由をいえよ」といってくれた。

オレたちは必死で率直な思いを告げたよ。

「僕たちはどうしても漫才がやりたいです。でも、このままでは雑用ばかりで芸を磨く時間がありません。だから、ふたりで全国のストリップ劇場を回って力をつけたいんです」

そうしたら、殿ははっきりといってくれた。

「おまえたちの気持ちはわかった。おまえら、漫才やれよ」

あのときは嬉《うれ》しかったな。

この話には、まだ続きがある。

それから数日後、オフィス北野の給料日が訪れた。当時はみんな、殿から直接、手渡しで給料をもらっていたんだよね。浅草キッドの月給は4万円。でもその日、殿はみんなの前でオレたちの給料袋から4万円を取り出すと、自らのポケットから追加で5万円ずつ入れてくれて、博士とオレはそれぞれ9万円もらった。

そして、兄弟子たちがいる目の前でこういってくれた。

「あのよ、こいつらにはこれからは漫才をやらせるからよ。だから、もうこれからはボーヤの仕事はやらせないから」

それから数日後、殿に呼ばれて赤坂で高級しゃぶしゃぶをご馳走《ちそう》になった。そこにはオフィス北野の森昌行《もりまさゆき》社長（当時）もいて、殿が「こいつらに漫才をやらせるから」って、あらためて宣言してくれて、その場でステージ衣装の手配をしてくれたっけ。

振り返ってみれば、そのときこそ「浅草キッド」という漫才コンビが誕生した瞬間だった。

才能がなければひたすら努力するだけ

それからは、いつも漫才のことばかりを考えていた。

生意気にも、「芸人たるもの、舞台に立って漫才をしなければならない」なんて考えて、テレビに出るよりも、舞台で漫才することばかりを求めていた。「オフィス北野ライブ」がはじまったのも、そんなことがきっかけだった。

このライブでは、月に1回程度オフィス北野の若手芸人たちがネタを披露していて、もちろんオレたちも漫才をするし、他事務所からゲストを呼んでお互いに刺激し合っていた。その根底にあったのは、「若手を育てよう」という狙いだった。

この頃のオレたちは、「テレビに出て全国区の芸人として売れたい」というよりも、「芸人たるもの、舞台で笑いを取りたい」という欲求が強かった。青臭いかもしれないけれど、それが当時、抱いていた博士とオレの思いだった。

その頃、博士は何十万円もするビデオカメラを自腹で購入して、自分たちの漫才をすべて録画していた。その映像をダビングして業界関係者に配っていたんだ。博士もまた、自分たちの漫才を知ってもらうために必死だった。

たぶん、そんなふうにがむしゃらに仕事に邁進《まいしん》したことって、誰にでもあるよな。あとから考えたら、「なんであんなに頑張れたんだろう？」って、自分でも不思議に思うことってあるじゃない。「いまとなっては、あんなに頑張れないよ」ってさ。

オレたちも無我夢中で漫才に取り組んでいた。「ようやく漫才をするチャンスをもらったんだ！」。その解放感といったらなかったね。

若いうちは、それくらいの情熱を持って仕事と向き合うべきだとオレは思う。そうしてはじめて、30代、40代の絶頂期を迎えることができるのだから。

オレたちの漫才は、まずは時事ネタを盛り込んだテーマを決めるところからはじまる。

博士が大元になる第一稿を仕上げる。それにオレが書き足したり、削ったりして博士に送り返す。そんな往復書簡を、30回、40回と繰り返していく。

そうして少しずつネタを磨き上げていくという感じかな。

そして、ある程度の〝かたち〟が見えてきた段階で、ここではじめてふたりでネタ合わせをする。場所は問わずに、例えば移動中の車のなかで時間を計りながら録音してみるんだ。この段階では、40分とか、45分くらいの長さの漫才に仕上がってくる。

当時、オレたちのネタ下ろしの舞台は、「オフィス北野ライブ」を経て、運営もMCも自分たちで行った「浅草お兄さん会」に移っていた。やがてこの会が評判となると、高田《たかだ》文夫《ふみお》先生が主催する「高田〝笑〟学校」という漫才ライブへの出演を許される。オレたちはいつも大トリを任せてもらっていたのだけど、持ち時間は30分だったから、40分、45分くらいまでに推敲《すいこう》されてきたネタをブラッシュアップしながら削っていく作業が必要になる。

とにかく、推敲、推敲、推敲の連続だよな。

博士が頑張ってくれて、比重としては4対6のときもあれば、オレが頑張って6対4のときもある。だから、どちらか一方に任せっきりじゃなくて、ふたりで練り上げてきたのが、浅草キッドの漫才だった。

ネタづくりをしているあいだは、まったく苦にならなかったよ。

やっぱり、オレたちは漫才に夢中だった。漫才が大好きだった。

ただオレたちには、いわゆる「才能」がないのもよくわかっていた。次から次へと面白いネタが浮かんでくるような、いわゆる天才タイプじゃない。

だからオレたちは、ひたすら努力するしかなかった。たとえるなら、昭和の新日本《しんにほん》プロレスの練習生みたいなものかな。ずっと、スクワットを繰り返すだけ。1000回でも、2000回でも、床に落ちた汗が水溜《みずた》まりとなるまで、ただやり続けるしかなかった。

しかも、そうやって苦心してつくり上げたネタは、「高田〝笑〟学校」でたったのいちど披露したらそれで終わり。でもさ、本当に楽しかったし刺激的だった。ガツン！と飛ぶよ。**あの高純度の脳内麻薬はハンパなかった。**

いまはまさに、その禁断症状が出始めている状態なのかもしれない。

ときには戯言をいうのも人間

大のお笑いファンであるオレから見ても、浅草キッドの漫才は「上手《うま》い」とはいえないと思う。けれどもその代わりに、「強さ」があった。ネタに〝強度〟があった。

テレビじゃいえないことを、舞台の上で徹底的にネタにした。世の中の人が感じている不条理さや不満、バカバカしさを毒のある笑いに変えてきた。

そのあたりが評価されるようになって、少しずつ手応えを覚えるようになっていった。博士と一緒に、「浅草キッド」という看板を必死に磨き上げていたんだ。まぁ、いま振り返ってみれば、球速はあるけれどコントロールの悪いピッチャーというか、スムーズなムーブができないゴツゴツとしたプロレスラーみたいなもんだよな。


話は変わるのだけど、オフィス北野分裂後、オレがひとりで活動するようになってから、大師匠である毒蝮三太夫《どくまむしさんだゆう》さんが主催する「マムちゃん寄席」にゲストで呼ばれたことがあった。

博士が隣にいないいま、俺はコンビで漫才ができない身だから、ステージでは蝮さんとトークショーをした。その日の楽屋で、オレはすでに80代後半を迎えている蝮さんとこんな会話を交わしたんだよね。

「もうすぐ90歳になるのに、いまでもずっと仕事が途切れないのはすごいですね」

そうしたら、蝮さんはこういったよ。

「それは、オレが《毒蝮三太夫》という名前だからだよ。本名の《石井伊吉《いしいいよし》》だったら、こんな年齢になったら仕事なんかあるわけないよ。だからオレを、《石井》から《蝮》に変えてくれた、談志には頭が上がらないよな」

ご承知かどうかわからないが、「毒蝮三太夫」という芸名の名づけ親は談志師匠なのだけど、この言葉にはしびれたね！　僭越《せんえつ》ながら、殿から「玉袋筋太郎」と名づけられたオレは、蝮さんのことを勝手に〝被差別芸名の同志〟だと尊敬しているからさ（笑）。だからオレも、蝮さんのように長い時間をかけて〝本物の玉袋筋太郎〟になっていきたいって考えている。

それこそが、本書のテーマである「美しく枯れる」ということにつながるってわけだ。いまはまだ、その過程にあるんだね。それはいわば、**「人生」という名の千日回峰行だよ。**その境地に辿《たど》り着けるのか、自信はないけれどやってみるしかない。

その日はもちろん楽しい時間を過ごしたわけだけど、内心では「恥ずかしいな……」っていう思いもあった。なぜって？　同じ舞台では、ナイツがものすごく息の合った面白い漫才を披露していたから。

やっぱり、芸人の本寸法は舞台だよ。ステージで笑わせてナンボの世界だよ。

でも、いまのオレには漫才はできない。悔しさと、さみしさと、恥ずかしさが交錯していて、顔で笑って、心で泣いて……と、そんな心境だった。

オレは、ナイツに本気で嫉妬《しっと》した。

それにしても、ナイツの漫才は最高だよな。オレたちなんかよりもずっと上手い。

彼らはこれからどんどん円熟味を増していき、もっと〝ダンニン〟が出てきて、さらに味わい深くなるのは間違いない。

それに比べたら、オレはまだまだ青くて苦いのかもしれない。アイツらは本当のプロだし、これからどんな漫才を見せてくれるのか、一ファンとしても楽しみだよ。

だけどさ、浅草キッドの漫才だって完敗しているわけじゃないよ。上手さでこそ劣っても、強さなら負けていなかった。

ついつい、そんなことを考えてしまった。

これは、単なるノスタルジーなのかもしれない。
いつまでも、いいときを忘れられない年寄りの戯言《ざれごと》なのかもしれない。

でもさ、50代も半ばを過ぎれば、そんなことを思うことだってあるよな。負け惜しみのようで少し嫌な気もするけれど、それが人間ってもんじゃないのかな。

Netflix版『浅草キッド』に思うこと

浅草の「フランス座」で修行をしていた時代の思い出をモチーフに、殿が自ら作詞・作曲をした『浅草キッド』（1986年）という名曲がある。

オレはこの曲を、心から愛している。

夢はすてたと　言わないで
他にあてなき　2人なのに

夢はすてたと　言わないで
他に道なき　2人なのに

いまとなっては、歌詞の最後のこのフレーズがやけに沁《し》みるよ。

2021年には、劇団《げきだん》ひとりが監督を務めて、殿の自叙伝である『浅草キッド』（新潮社）がNetflixで映像化された。もちろんオレも観たけれど、いい作品だった。殿が若い頃に師事した深見《ふかみ》千三郎《せんざぶろう》師匠のエピソードなんか、涙なくしては観られなかったよ。だけど、心の奥底では「ちょっと待った！」という気持ちもある。大資本のNetflixが豪華キャストで本気でつくって、大々的なPRを打って、世間の評判もよかったことは素直に嬉しいし、「よかったな」って思えるよ。

でもさ、世間的にはこの物語が「浅草キッド」として認知されるわけじゃない？　だけど、この名前に人一倍の思い入れを持っているのは、博士であり、オレなんだよ。

作品のヒットは嬉しいけれど、「オレたちこそ浅草キッドだよな、小野さん」って、博士と一緒に愚痴でもいいながら一杯やりたいくらいだよ。

だって、オレたちには確実に深見師匠の血が流れているんだから。「殿が二世だとしたら、オレたち浅草キッドは三世だ」という自負は当然あるよ。

これはずいぶん前のことだけどさ、せがれがまだ小さかった頃、ふたりで車に乗っていた。すると突然、「パパ、たけしさんって師匠はいるの?」って質問されたことがあった。せがれは特にお笑いに興味があるようには見えなかったから、突然の質問に驚いたのだけど、そこで深見師匠について説明したことがあるんだよね。

「深見師匠という偉大な人がいて、その弟子がたけし師匠で、その弟子がオレだよ……」

さらにオレは、こんな言葉もつけ加えた。

「……その息子がおまえ(せがれ)だよ」

子どもなりに、どの程度のことを理解したのかはわからない。でも、深見師匠がいて、殿がいるからオレがいる。そして、オレには大切なおまえがいる。そんな思いを込めたわけだけど、その言葉を聞いた途端にせがれは泣き出してしまった。

小学3年生だったか、4年生だったか忘れたけれど、子どもは子どもなりに師弟の絆《きずな》のようなものを知って、なにかしら感じることがあったのかもしれない。その姿を見ていたら、なんだかオレも涙が出てきて、ふたりでオイオイと泣き続けたよ。

対向車の人たちは、「アイツら、これから無理心中でもするのか？」って不思議に思っただろうね（笑）。

大逆転満塁ホームランで社長になった友人に励まされる

浅草キッドとしての活動をしなくなって落ち込んでいた頃、ある友人の存在が励みになった。その人は、オレと同い年なんだけど、某ラジオ局でいいポジションに就いていた人でさ。でも、会社の体制が変わって居場所を失いつつあったようなんだ。

で、中野《なかの》の居酒屋で呑《の》んでいたときに、いきなり切り出された。

「玉さん、オレ会社を辞めようと思っているんだ」って。

そろそろ定年も見えてきている時期だったから、オレはさすがに止めたよ。「せっかく、ここまでのポジションをつかんだんだから、あとちょっと我慢すればいいじゃない」って。

でも、友人の決意は、想像以上に固かった。

その後、本当にすぐに会社を辞めてしまった。それからどうしたかといえば、彼は大阪のとある放送局に入社して、なんといまでは社長の座に納まっている。

オレからいわせれば、彼の挑戦の結果は「大逆転満塁ホームラン」だよね。それこそ、大谷翔平《おおたにしょうへい》は言い過ぎとしても、村上宗隆《むらかみむねたか》に負けないくらいのどデカい一発だったよ。

50代になっても、いくつになっても人間は挑戦できるんだって教えてもらった気分だよ。50代っていうのは、飛行機にたとえるなら、「いい気流に乗った状態」なんだと思う。

要は、それまでに慎重に離陸して、細心の注意を払って操縦を続けてきた末に、ようやく安定気流に乗った状態という感じかな。

一旦《いったん》、上昇気流に乗れば、スムーズに目的地まで辿り着けるかもしれない。会社でいえば出世コースに乗っちまえさえすれば、そこにしがみつくことで昇進していって、いいポジションを得られるのだろう。

でもさ、安定気流に乗ってても突然、乱気流に巻き込まれることもあるよな？　問題なのは、そこでどんな対応をするか。

あくまでもその乱気流に抗《あらが》って悪戦苦闘する人もいるだろうし、一方では、早めにそこから抜け出して、また一から新たな気流で安定飛行を目指す人もいるだろう。


オレの友人は、後者を選択した。

いつまでもそこにしがみつくことはせずに、もういちど自分を信じて別の気流に乗ることを決意し、そしていまでは新しい場所で成功を手にしている。

彼の姿を見ていてオレは、ついつい我が身を重ね合わせてしまったよ。

これまで必死に築きあげてきた「浅草キッド」というブランド、オレにとっての金看板を失ってしまったことで、ついクヨクヨしたり、メソメソしたりしていたんだけどさ、やっぱりそれじゃあ、オレらしくない。


忘れもしない、新宿《しんじゅく》にある明治38年創業のうなぎ屋「小《こ》ばやし」で殿に命名してもらった、**「玉袋筋太郎」という被差別芸名**でここまでやってきたんだから、そこはもっと図太く、たくましく生きていかなくちゃいけないよな。そうじゃなきゃ、オレらしくないじゃない。

友人の姿を見ていて、心からそんな気になれた。

博士の突然の出馬、当選、そして議員辞職

2022年の5月、博士が参議院議員選挙に出馬することをニュースで知った。

それ以前から、松井《まつい》一郎《いちろう》前大阪市長とのスラップ訴訟うんぬんという騒動もあったけれど、オレとは関係ない世界での出来事だった。

出馬に関しても直接、本人から報告があったわけじゃない。政治信条はそれぞれだから、博士がどんな考えを持って国政に打って出たのかは、オレにはどうでもいいことでもあるし、報告がなかったことは気にしていない。

でも、出馬の知らせを聞いたとき真っ先に頭に浮かんだのは、「博士、身体は大丈夫なのかな?」ということだった。それこそ「高田〝笑〟学校」で大トリを飾るプレッシャー

はハンパないのだけど、何度か博士は精神的に参ってしまったことがあったんだよ。

そのたびにオレは、「小野さん、別に無理しなくていいよ。時間を短くしたり、古いネタをアレンジしたりしてもいいんだからさ」っていっていた。でも、そういうときはいつでも、「赤江くんは稽古《けいこ》が嫌いだから、そんなことをいっているんでしょ？」って言い合いになってばかりだった。


そんな姿を間近で何度も見ていたから、選挙に出ること、更に当選して政治家になることに対して、一抹の不安があったのも確かだった。「小野さん、体調が悪そうだから、出馬なんかやめなよ」といいたい気分だったけれど、その時点ではすでにお互いに距離を置いていたから、それもかなわなかった。

それでも、「身体は大丈夫なのかよ」「メンタルはどうなのよ？」という思いはずっと消えなかった。むしろ許せなかったのは、博士を祭り上げた人間たちだよ。彼ら彼女らは絶対に、博士の身になにがあっても責任を取ることはしないだろう。

オレにはそれがわかっていたから、「もしも博士の身になにかあったらどうするんだろう？」という心配があった。それでも、博士とはすでにボタンの掛け違いが起こったあとだったから、「どうなろうと、オレには関係ねぇよ」という冷めた気持ちもあったんだ。

結局、その後いろいろあって、せっかく当選したものの、すぐに議員辞職する羽目になった。やっぱり、心身ともに大きなプレッシャーに見舞われていたんだよな。そこで思ったのは、**「まずは、身体ありきだよ」**ってことだった。

オレ自身もそうだし、中年世代の人たちにいいたいのは、「あんまり頑張り過ぎるのもよくないんだな」っていうこと。

「調子が悪いな」って感じたら、すぐに休んだほうがいい。

そして、休んだあとに動き出すときにも、電動自転車の最初のひと漕《こ》ぎ目や、オートマの緩やかな感じで、ブレーキを離したらスーッと滑り出すようにもういちど進めばいいんだよ。

でも、ついついアクセルを吹かし過ぎちまって、凍結した路面でスリックタイヤを履いて走るようにホイルスピンしちゃうんだよな。若い頃なら、多少の空回りもご愛敬で済むけれど、50代になってホイルスピンしちゃったら、タイヤだけでなく、本体までダメージを負っちまうよ。最近の自動車には自動制御システムが搭載されているけれど、これこそ

50代の人間にも必要な機能かもしれないよな。
一連の博士の行動を見ていたら、ついついそんなことを考えちゃったね。

博士が出馬するときも、議員辞職したときも、心配でこそあるものの、オレの心は完全に冷めきっていた。もはや、「もういちど漫才をしたい！」なんて、完全な夢物語だと悟っていた。いまも同じで、「漫才をしたい」という気持ちはあっても、「現実的には難しいよな」と自覚している。

漫才に関してはにっちもさっちもいかない状態――それが、いまのオレだよ。

そして、それが「50代あるある」なのかもしれない。

オレにだって、多少の欲はあるよ。「不朽の傑作」といわれるような名作漫才をつくりたいし、せっかく芸能界に入ったのだから、偉大な芸人として名を残したいという気持ちがまったくないわけでもない。

でもさ、**自分の身の丈をわきまえて、それをまっとうするということも、それはそれでカッコいいことだと理解できた。**

一隅を照らすとでもいうのかな、**クズはクズなりに生きていく。でも、実はクズのように見えて、クズじゃない生き方をする。**自分の手の内をあかすようで恥ずかしいけれど、最近のオレは、そんなことを意識しながら仕事に取り組んでいる。

30代、40代の頃はまだギラギラした欲望があったのだけど、50代になってそんな思いもすっかり薄れてきた。「それじゃあダメなんだよ。だからおまえは大ブレイクしないんだよ」といわれればなにも反論はできないよ。

でもさ、それでいいんだよ。

身の丈をまっとうすること——。

それこそが、「美しく枯れる」ということの第一歩のような気がする。

「スナックのママ」という肩書きこそ最強

浅草キッドは、何十年ものあいだ同じ電車に乗って、隣同士の座席に座ってたくさんの駅を通過してきた。そして、その間ずっと一緒に、「面白いこと」を追求しながら芸人道を一駅、一駅と進んでいた。

だけど、〝道中〟で起きたトラブルで途中停車することになった。それが人身事故だったのか、台風による足止めだったのかはわからないけれど、ちょっとだけ時間ができたので、「出発まで自由行動しようか」ということで、それぞれが停車駅で別行動をすることになった。それが、博士にとってはメルマガ配信やイベント主催であり、オレにとってはスナック啓蒙《けいもう》活動だったりしたんだよな。

そんなこんなで、ようやく全線復旧して「さぁ、出発だ！」となって席に戻ったら、そこに博士の姿はなかった。

キョロキョロと辺りをうかがってみると、向かいのホームに博士の姿があった。

そうこうしているうちに、オレの乗った電車は博士を置いて出発してしまった。しばらくのあいだは博士が乗った電車もちゃんと並走していたんだ。ＪＲでいえば、同時に新宿を出発して、しばらくはお互いの姿も見えていたものの、一方は山手線《やまのて》で新大久保《しんおおくぼ》駅へ、もう一方は総武《そうぶ》線で大久保駅に着いていた。

山手線と総武線、気がつけば離れ離れだよ、まったくもう。


その瞬間からオレは、「漫才師」でなくなってしまった。


さて、これからどうするのか？

いままでは「漫才師」という肩書きに強いこだわりを持っていた。でも、いまのオレはもう漫才師ではない。そういう意味では、宙ぶらりんの状態だよな。そう考えると、もはや肩書きなんてどうでもいいものに思えてくる。

それに、**いい年して肩書きにこだわり過ぎるのもカッコ悪いよな？**

スナック好きがこうじて、一般社団法人全日本スナック連盟会長をやるだけでなく、自分でもスナックを経営していると、いろいろな人と知り合う機会が増えて、名刺を頂戴《ちょうだい》することが多くなった。

オレと同世代の人たちは、それなりに社内での立場もあるのだろう。名前の脇には大層な肩書きが「これでもか！」というくらいに並んでいる。

「なんちゃらエグゼクティブ」だとか、「ほにゃららエバンジェリスト」だとか、意識高そうで、社会的な地位がありそうな肩書きばかりだよ（苦笑）。


そういえば、なんのことか意味がわからないけれど、「バイスプレジデント」なんてのもあったっけ。「バイス」なんて、大衆居酒屋でおなじみ、シソ風味のバイスサワーでしか聞いたことがないよ！　で、「バイスプレジデント」の実態は、せいぜい部長とか次長クラス程度のものらしいんだけどさ……。もちろんその出世だってたいしたものだけど、なんでもかんでも、それっぽい名前をつけりゃいいってもんじゃないよな。


そういうのを見ていると、**「肩書きなんかどうでもいいや」**って気になるよね。

いくら一流の会社に勤めていたとしても、誰もがうらやむ役職に就いていたとしても、いつかそれを失ったときに、周囲からどんどん人が離れていくのはさみしいことじゃない？

その点、**スナックのママは偉大だよ。どんな店に行ったたって、ママの名刺には「ママ」**

ってひとことだけ書いてあるんだから。これほど最強の肩書きはないよな（笑）。

漫才が大好きで「漫才師」という肩書きに誇りを持っていたけれど、オレはもうそれを名乗ることはできない。じゃ、今後はどうすればいい？

先日、ある人に聞かれたよ。

「別の相方とコンビを組む可能性はあるのか？」って。

この質問に関しては、答えははっきりしている。もちろん、「ノー」だよ。

漫才をやるなら、あくまでも「浅草キッド」としてやりたいからね。その点だけは譲れない。博士とはいろいろあったし、いまでも思うところはあるけれど、博士以外の相方とコンビを組むつもりはまったくない。

ふたりが乗った別々の電車が、いつかまたどこかの駅で偶然に再会することもあるかもしれないからさ。

ありのままの自分で、ありのままの姿で勝負がはじまる

いまさらながらで恥ずかしいのだけど、最近よく落語を聴くんだ。

もちろん、「落語家になろう」なんて考えているわけじゃない。シンプルに、話芸としての面白さを味わっている。少し偉そうな言い方になっちゃうけれど、**「オレのほうが落語の登場人物のような滑稽な生き方しているよな」**って思うこともよくあるんだ。

絶頂期にあったビートたけしという偉大な存在に触れて、「玉袋筋太郎」という最高にカッコいい芸名をもらって、そこから紆余《うよ》曲折ありながらも、芸能界の荒波のなかをここまで泳いできた。

それに加えて、オレの生い立ちだって落語みたいなものだよ。

堅実な証券マンだった父親は、突然、脱サラして雀荘《ジャンそう》をはじめた。インベーダーゲームが大ブレイクして雀荘の経営が苦しくなると、今度は新宿でホモバーを開店した。いまでいうゲイバーだよな。当時のオレは思春期真っ盛りだったから、本当に恥ずかしかったよ。

いまのようにＬＧＢＴＱなんて概念はほとんどなくって、当時はもっと閉鎖的な世界だっ

たからね。思春期の小僧にとっては、なかなかハードな世界だぜ。

だけど、高田文夫先生がオレのことを「新宿という大都会の下町で育って、父親がホモスナックを経営していて、しかもこんなバカで……（笑）。おまえはお笑いのエリートだ！」っていってくれたことで、すべてが救われた気がした。

こうしたことのすべてが、芸人としてのオレの肥やしになっている。


落語の世界には、「フラ」という言葉がある。

フラを言葉で説明するのは難しいのだけど、簡単にいえば、「芸人独特のなんともいえないおかしみ」といったところかな。

漫才の世界でも、売れている芸人にはフラがある。全盛期のツービート、B&B、ザ・ぼんちもそうだし、ダウンタウンも爆笑問題《ばくしょうもんだい》もそうだよな。ダウンタウンはふたりともフラがあるし、爆問の太田光《おおたひかり》なんて、それこそフラの塊みたいな男だよ。

でも、残念ながら浅草キッドにはフラがなかった。

だけど、**オレの人生にはフラがある。**もちろん、そんなことは自分からいうものじゃないし、それこそ粋じゃないけれど、フラがあることだけは間違いないと自信を持っていえる。だから、それを大事にしていきたい。

50代というのはさ、自分がまとってきた鎧《よろい》を脱ぎはじめる時期じゃないのかな？ さっきの肩書きの件もそうだけどさ、会社とか、役職とか、人間関係だとか、それまでのものを取っ払って、自分自身で勝負することがはじまるんだ。ありのままの自分で生きていくことがはじまるんじゃないのかな。

すべての鎧を捨て去って裸の自分になったとき、はじめて本当の自分が現れてくる。アントニオ猪木《いのき》も、『猪木詩集「馬鹿になれ」』（角川文庫）でいってたよな。

かいてかいて恥かいて
裸になったら
見えてくる
本当の自分が
見えてくる

「裸の自分」というのは、つまりは「フラの勝負」ということだよ。

これからのオレは、もっとフラのある男になりたいよ。

50歳も過ぎれば、これからはどんどん枯れていくことだろう。たまにふらっと銭湯に行くんだけどさ、鏡に映った自分の姿を見て愕然《がくぜん》とすることがある。

若い頃にはハリのあった肌にもたくさんのしわやシミが刻まれているし、ケツの肉もだらしなく垂れ下がっちまった。重力には勝てねぇよな。ニュートンもきっと、自分の垂れ下がったケツを見て重力を発見したんじゃねぇかな？ そんなことを思うよ。

それだけでなく、あまりすることはなくなったけれど、セックスのときの勃起《ぼっき》の角度も大きく変わったよ。

だけど、それは自然の摂理だから仕方ない。年を重ねたら、肌だってくすんでくるし、しわも増えるし、チンポの勃《た》ちだって悪くなるのはあたりまえのことなんだよ。

残念ながら、そのうち勃起もしなくなるんだろう。そうなると、もはやションベンをするだけの管じゃねえか！（笑）。「人間は考える葦《あし》である」なんてカッコいいもんじゃないよ。**オレにいわせれば、「人間は考える管である」だよ。**ただ口からビールを流し込んで入れて、あとは出すだけ。

年を重ねていって、美しく枯れていって、ようやくオレは「本物の玉袋筋太郎」になれるものだと思っている。『シン・ゴジラ』じゃないけどさ、〃オレの最終形態〃はこれからだよ！

オレは、もっともっと枯れたい。

しわやシミが目立ちはじめたこの肌も、たるんだケツも、勃ちの悪くなったチンポもみんな愛《いと》おしいもんだよ。そんなふうに感じられるのが、50代なんだろうね。

前回の本にも書いたのだけど、まさに、「アンチ・アンチエイジング」の心境だね。年を取ることはなにも悲しいことじゃないし、カッコ悪いことでもない。だから、アンチエイジングなんて概念は必要ない。自然な老いは受け入れればいい。

ありのままの自分で、ありのままの姿で勝負すればいい。

オレの場合は、長年連れ添っていた相棒である博士と離れ、「浅草キッド」という大切な看板を失ったことで、ようやく「裸で生きること」「美しく枯れていくこと」の覚悟が決まった気がする。

そりゃあさ、近かった人との別れはさみしいよ。でも、環境が変わったことで見つかる新たな出会いだってたくさんある。当然、それは仕事にだって関係してくる。

いいことだけじゃなくて、大変なこと、辛《つら》いことも多いけれど、それでも前に進んでいく――。

それが、50代という時期なのだと思う。

次の章では、「50代と仕事」「お金のこと」なんかについて書いていこうかな。

第2章

「発酵」した
50代の仕事観

「事務所を辞めます」と殿に報告した

年も年だから、50代を迎えたあたりから「何歳までバリバリ働けるのかな?」って、少しずつ残りの人生を意識しはじめるよな。サラリーマンであれば、「定年まであと○年か……」とか、「定年後の身の振り方を考えておかなくちゃ」なんて思案するのだろう。出世レースの行方もだいぶ見えてきて、会社内における自分の地位、立ち位置もほとんど確定していると思う。

人によっては、「よくここまで頑張ったな」と自分を褒めたくなるような場合もあるだろうし、逆に「あれだけ頑張ったのに、結局は課長で終わりか……」とあきらめの境地に達している場合もあるだろう。

芸人に定年はないにせよ、保証なんてまったくないし、仕事がなくなればすぐに失業者となってしまうから、将来に対しては不安を抱えているよ。それに、50代にもなれば、それなりに芸能界での立ち位置もわかるし、自分のできること、できないこと、要は芸人としての才能みたいなものについても十分過ぎるくらい理解できている。

だってさ、いまからオレがゴールデンタイムの冠番組を持てるとは自分でも思えないもの。それなのに、「いや、オレはまだまだやれるはずだ！　もっと上を目指すんだ」って、若い頃のようにギラギラした野望を抱くのは、ちょっと痛々しいし、野暮ってもんだよ。

やっぱりさ、**自分の身の丈を知ることが大切**になってくる。

ただ、だからといってすべてのことに達観して、どんなことにも動じなくなるというわけでもない。これまでと同じように焦ったり、迷ったりしているのも確かだよな。

身の丈を知りつつも、50代はますます「焦りの時期」になってくるとも思う。

もちろん、20代のときだって30代のときだって焦りはあったけれど、**以前のような「先が見えない焦り」ではなく、50代の場合は「先が見えている焦り」じゃないかな。**

若い頃と比べたら、あきらかに体力が落ちている自分がいる。ということは、これから先はもっともっと体力が落ちていき、病気がちになっていくのだろう。そりゃそうだよな、50代になってからは、二日酔いどころか、三日酔いの日が格段に増えたからさ。

先日、はじめて内視鏡検査を受けたんだけど、そこでポリープが見つかってすぐに切除した。担当してくれた人がオレのラジオのリスナーだったもんで、「いつも聴いています！　早く発見できてよかったですよ。これで安心してまたラジオが聴けますもんね！」って感激しながら手術をしてくれたわけだけど、自分で異変は感じていなくても、やっぱり少しずつガタがきているんだろうな。

体力が落ちたり、病気になったりすれば、働くことができない。なにも保証がないオレなんかは、そうなったら一瞬で干上がっちまうよ。

オレには住宅ローンも残っているし、新型コロナウイルス禍で国から借りた負債もだいぶある。つまり、これからの未来にやるべきことが確実に〝予言〟されているのだから、それは不安にもなるし、焦りも生まれてくるってもんだよね。

不安や焦りの源となっているのは、なにも経済状況や金銭面だけじゃない。どこにも所属していないフリーランスでまったく後ろ盾がないということもそうだし、なによりもこれまでずっと心の支えだった師匠と離れてしまうということもその原因になっている。

あらためて振り返ると、２０１８年からの数年間は激変の連続だった。

その前年にオレは50歳になって、「さあ、これからバリバリ働くぞ！」と思っていた矢先に、殿が新しい事務所を立ち上げるために、オフィス北野から出ていった。

一連の独立騒動では当時の森昌行社長がやり玉に挙げられることになったわけだけど、そのあたりの経緯はこの本では触れないでおくよ。オレ自身は、森さんには恩もあったからとても複雑な心境だったんだ。


前章にも書いたように、「殿がいない事務所に残るつもりはない」と、オレはこのとき考えたし、「浅草キッドとして自力で活動したい」という思いが強かった。だけど、相棒の博士とは意見の相違によって、結局は浅草キッドを続けていくことはできなかった。もちろん、今後の自分についてはいろいろ考えたよ。

考えに考え抜いた結果、「もういちど一からやり直してみようか」と決めた。**きちんと芸人として生きていくこと。恥ずかしくない仕事をすることこそ、殿への恩返しだと思ったから。**


もちろん、まずは殿に報告しなければならない。

殿のマネージャーに確認すると、世田谷《せたがや》にある砧《きぬた》スタジオでの収録前なら時間があるという。「直接、お会いして自分の素直な気持ちを伝え、そしてこれまでのお礼をしなければ」。そんな思いとともに、砧スタジオに向かった。おそらく2018年の秋口くらいの出来事だったと思う。

事前に、頭のなかでは何度も何度もシミュレーションした。事務所に残留するように説得されるのだろうか？　それとも、オレの決断を認めてくれるのだろうか？　もちろん、怒られたり、無視されたりするかもしれないとも考えた。

せっかくいただいた、「浅草キッド」という看板を下ろしてしまうことも心苦しかった。相棒は残るのに、オレだけ出ていってしまうことを殿はどう思うだろうか？

だけど、師匠がいない会社に自分が残ることは、どうしても道理に合わないと考えていた。それこそ、博士のいう「義がない」と考えたんだよ。そうかといって、殿がつくった新事務所に行くわけにもいかないし、そもそも入れてもらえるはずもない。

オレは、事務所を辞めて独立するしかない。

その決意は固かったけれど、はたしてどうやって、この思いを説明すればいいのか？

殿はどんなリアクションを取るのだろうか？

オレはおそるおそる、殿の楽屋を訪れた。

殿はいった、「頑張れよ。漫才も辞めるなよ」

目の前にいる殿は、意外なほど落ち着いていて、オレの話を黙って聞いてくれた。

オレがひと通り話をしたあとに、殿がポツリと口を開いた。

「おまえの気持ちはよくわかったよ……」

そして、意外にもこんなことをいったんだ。

「（事務所なんて）辞めちゃえ、辞めちゃえ」

実にあっさりとした口調だった。


殿は怒っているのか？

殿はあきれているのか？

殿はオレを突き放しているのか？

その瞬間、いろいろな思いが頭をよぎったよ。そして、殿は続けた。

「……オレのいない会社なんかどうせすぐ潰《つぶ》れるんだから。辞めちゃえよ」

それはきっと、殿の本心ではなかっただろう。

それでも、目の前で真剣に話している姿を見て、オレなんかの考えを尊重してくれたからこそ、あえて冗談っぽくいってくれたのだと思う。真意こそわからないけれど、そのひとことで、オレは救われた。気持ちが一気に楽になるのが自分でもよくわかった。

もしも、「芸人を辞めます」と告げたとしたら、きっと殿は「考え直せ」と止めてくれたに違いない。

希望的観測過ぎるかもしれないけれど、「個人でやっていきます」といったから、明るく背中を押してくれたのだと、オレは勝手に解釈している。


それからしばらくして、再度、殿にあいさつに行った。

いまは三谷幸喜《みたにこうき》さんがメインキャスターを務めているけれど、以前は殿が長くメインキャスターをしていた『情報7daysニュースキャスター』の生放送が土曜の夜にあるから、その本番前なら時間があるということで赤坂にあるＴＢＳに向かった。

個人事務所を立ち上げ、フリーランスの芸人として生きていく覚悟と準備が固まったことを、あらためてきちんと報告したかったんだよな。

このときも、殿は黙ってオレの話を聞いてくれた。

そして、こんなことをいわれたよ。

「で、これから漫才はどうするんだよ？」

あらためて、自分の決意を殿に伝える。やっぱり殿は、「いい」とも「ダメ」ともいわなかった。ただ、こんな言葉を口にしたよ。

「……そうか。わかったよ。でも、もったいねぇな」って。

この言葉は胸に沁《し》みた。「もったいねぇな」というのは殿の本心だと思う。せっかく「浅草キッド」という最高の名前をもらい、漫才師としてここまで頑張ってきたのに、それを自ら手放そうというんだから、それは当然だよな。

オレはただただ、殿の言葉を噛《か》み締めることしかできなかった。

部屋にある時計を見ると、生放送がはじまる夜の10時が近づいている。そろそろ殿はスタジオに向かうだろう。楽屋を出ていこうとするオレに向かって、殿は最後にいった。

「頑張れよ。漫才も辞めるなよ」

オレは、涙をこらえ、「はい……」と答えるだけで精一杯だった。

殿との「社長会」はもう終わりなのか？

殿がオフィス北野を去ることが決まってから、「今後どうするか？」ということを残されたたけし軍団のメンバーで話し合うことになった。ただ、複数回にわたって開催された、「軍法会議」ならぬ、いわゆる「軍団会議」には、オレはほとんど参加しなかった。

実際に仕事が入っていたから参加できなかったこともあるのだけど、すでに「ひとりでやっていく」と決めていたから、本音をいえば参加したくなかった。

でも、仕事がオフで、どうしても会議に出ざるを得なくなったときに、オレは兄弟子たちの前ではっきりといったよ。

「自分はもう辞めようと思っています。浅草キッドとして活動することはもう難しいとも考えています」

すでに、博士とは話し合ったあとだったので、オレは自分の決意を全員の前で伝えた。たけし軍団の兄弟子たちはみな黙っていた。そして、博士はムッとした表情だった。

基本的に、ほぼ全員が新事務所に移籍することになっていたから、あのときは孤立無援で、「オレは本当にひとりになっちまったんだな」って実感したよね。

一部、ネットニュースになったから知っている人もいるかもしれないけれど、あるときたけし軍団の兄弟子が、酔っぱらってオレの店にやってきたことがあった。

「ここか、おまえの店は。しっかし、汚ったねぇ店だな!」

そこからふたりで事務所退所について話し合いになったのだけど、双方の着地点を見つけることができず、その兄弟子は帰っていってしまった。

オレとしても、互いの意見を尊重しながらなんとか折り合いをつけたかった。でもやっぱり、無理だった。なんだかとても悲しくなって、やりきれない思いになってしまったというのが正直なところだよ。

こうしてここで文章に残したことで、本当にきれいさっぱり前の事務所とは縁が切れた気がする。

だけどさ、やっぱり殿との距離ができてしまうことはさみしいよ。

これまで、博士とふたりで年に2回程度、「社長会」と称して殿と一緒に食事をしてきたことは、前作の『粋な男たち』にも書いたよな。

オレたちが社長役になりきって、「駆け出しのたけちゃん」である殿に、豪華な食事をおごるという設定だから「社長会」と命名したのだけど、次の開催はいつになるのだろう？

「会社以外の人脈をつくれ」の意味を実感する

50歳も過ぎれば、入社以来、長年勤めてきた会社を自分の意思や都合で去ることになった人もいるかもしれない。まさにオレ自身もそんな状況だったわけだけど、新しい門出を「笑顔で送り出してほしい」とはいわないまでも、せめて少しでも「頑張れよ。応援しているぞ！」ってみんなにいってもらえたら、どんなに心強くて、どんなに嬉《うれ》しいことだろう。考えが甘いのかもしれないけどさ。

定年後のことを見据えて、「会社以外の人脈を大切にしよう」ってよくいうよな。それはオレのような状況に陥ったときに大切な考え方なのだろう。

いわゆる「会社人間」としてがむしゃらに生きてきた人が、会社の倒産とか、会社の不祥事とか、派閥争いとか、なんらかのトラブルに巻き込まれて、**その地位や肩書きを失ったときに、はたしてどれだけの人が自分の味方になってくれるのか？　仕事とは関係ない友人が、自分にはどれだけいるのか？**

そうしたことは、いつも頭の片隅に置いておいたほうがいいのかもしれない。

そういう意味では、オレには酒場での付き合いがたくさんあった。自分でスナックも経営しているし、個人的に通っている店だって全国に数えきれないくらいある。

居酒屋や赤ちょうちんでのつながりはなんのしがらみもないし、もしもトラブルが起きて、その店での居心地が悪くなったり、対人関係のいざこざがあったりしても、代わりの店はいくらだってある。

特にスナックなんかは地域密着で、「会社」や「肩書き」ではなく、「地縁」ですぐに仲良くなれるのが利点だよな。

酒が飲めない人なら、近所の銭湯だっていいし、スポーツジムだっていいじゃない。なじみの町中華の常連になるだけでも、人付き合いはどんどん広がっていくよ。

あるいは、暑いなかで公園の草むしりをしたり、登下校中の子どもの面倒を見たり、お祭りの裏方として頑張ってみたりと、地域や学校のボランティア要員として活躍するだけでも、一気に顔が広くなる。**地元で一緒に汗をかくことからはじまる友情だってあるかもしれない。**

オレだってさ、頭ではわかっていたつもりだったよ。「会社以外の人脈をつくれ」という言葉の大切さは。でも、自分に起こった騒動を通じて、あらためて実感できるようになった。

酒場の付き合い――これからもオレは大切にしていくよ。

「大丈夫か?」っていえる人間でありたい

オフィス北野騒動のさなか、こんなことがあった。

ある番組の生放送を終えて、オレは赤坂見附の「スナック玉ちゃん」に戻って酒を呷《あお》っていた。しばらくすると、ふらっとひとりの男性客が入ってきた。さっきまで番組で一緒に共演していた男性タレントが、事前連絡もなくやってきたんだ。

「あれ、どうした!?」

オレが驚いてそういうと、その男はいったよね。

「『どうした?』じゃないよ。あんなに辛《つら》そうな玉さんを見ていたら、放っておけないじゃん。今日、車は置いてきたから一緒に呑もうよ」

もちろんオレは、プロの芸人としていつもどおりにテレビに出ているつもりだったよ。たとえプライベートで辛いことがあっても、それを表に出して同情を買うようになったら、芸人としては失格だと考えているからね。

でも、長年の付き合いがある〝仲間〟には、オレの心は見透かされていたみたいだった。自分では平静を装っているつもりだったけれど、知らず知らずのうちに、内面のとげとげしさみたいなものが出ていたのかもしれない。

その男こそ、内山《うちやま》くんだよ。子役として大ブレイク後も、俳優、芸人、タレントとして頑張っている内山信二《しんじ》くんだよ。


あれは本当に嬉しかったな。いまでも、あの場面を思い出して涙を流すこともある。で、この出来事をきっかけにして、オレも決めたよ。**苦境に陥っていたり、困ったりしている人がいたら、オレも恥ずかしがることなく、「大丈夫か？」っていえるような人間であろうって。**

やっぱりさ、そういうのってどうしても照れ臭い部分があるじゃない。でも、そこできちんと「大丈夫？」って言葉に出したり、行動で示したりすることはカッコいいことなんだね。

内山くんの行動から、オレはそんなことを学んだ。「恩返し」というほど肩肘《かたひじ》張ったもんじゃないにせよ、ここまでの人生で自分がしてもらったぶんは、しっかり誰かに返さなくちゃならない。

そんな優しさは、美しく枯れていくうえで大切なものだし、みんながその想いを持てたら最高な世の中だよな。

同時期には、こんなこともあった。

オフィス北野に所属していた時代にオレがやっていた仕事は、あくまでもオフィス北野経由で成立していたものばかりだから、事務所から離れるということは、それまでの契約を各放送局が見直すことになる。

当然のごとく、「では番組も打ち切りで……」とか、「次回の更新はナシで……」といわれるものだと想像していたし、その覚悟は決まっていたよ。

ところがさ、ずっと一緒に仕事をしてきたラジオ局の上層部の人にことの経緯を説明したとき、こういわれたんだ。

「わたしたちは事務所と付き合ってきたわけじゃなく、玉さんと仕事をしてきました」

嬉しかった。その言葉が意味するのは、**「対会社」ではなく、「対個人」**ということだからさ。それも、局の上層部の人たちだけでなく、現場のスタッフのみんなからも同じような言葉をかけてもらった。

そのラジオに限らず、それまでのレギュラー番組はいずれも継続が決まった。

いくら強がっていても不安なのは確かだったから、元気と勇気をもらったよね。

ボールが止まって見えた『町中華で飲ろうぜ』

それはまったく偶然の出来事だった。

2018年12月くらいのことだったと思うのだけど、当時、毎週金曜日の昼はTBSラジオ『たまむすび』に生出演をして、夜はTOKYO MXで『バラいろダンディ』に出演していたんだ。毎週金曜日はそのルーティンが続いていて、ラジオが終わって「ちょっと時間があるから、一杯やろうか？」という感じで、テレビ局近くの町中華で飯を食っていた。

テレビ番組出演前にビールを呑んじゃいけないのはわかっているのだけど、ひとまずこの際は勘弁してくれよな。

そのときに、みんなでワイワイ楽しく騒いでいたのだけど、たまたま別の席で食事をしていたある放送作家の先生が、オレたちのにぎやかな姿を見ていたんだ。で、みんなが楽しそうにしている姿を見て、その場で番組企画を思いついて、すぐに企画書にしたらしい。

それこそが、BS-TBSで放送中の『町中華で飲《や》ろうぜ』だよ。

そのときはいくつも別のいい企画があって、この「町中華企画」は、せいぜい4番手候補くらいだったんだって。ところが、テレビ局サイドからは「これが面白そうだ！」となって、あっさりと企画が通過することになった。

最初にそれを聞いたときは、「それにしても、バレバレの見え透いたドッキリだな」って疑ったよ。

だって、企画書に書かれている内容は、単なるオレの日常生活だったからね（笑）。でも、すぐに「どうやら本気らしいぞ」となって、実際に番組はスタートした。

初回放送から手応《てごた》えはばっちりだった！　だって、打撃の神様・川上哲治《かわかみてつはる》じゃないけどさ、**ボールが止まって見えたんだから。**もう、「打ってください」という感じで絶好球が目の前で待ち構えているんだよ。簡単にスタンドインだよね。

繰り返しになるけれど、町中華を食べながらビールを呑んで、店の大将や常連さんたちと和気あいあいと楽しく過ごすことは、オレの日常そのままなんだから。

酒の味を覚えてから数十年、夜の街に繰り出す前には、決まって町中華やラーメン屋で腹ごしらえをしてきたオレだよ？　ここまでオレにぴったりの企画もないってもんだよ。

この番組が好評を博しているのは、ただオレひとりで食べて呑んでいるからじゃないということにある。前半30分は、ラードの匂いが身体中に沁みついているオレが出て呑み食いする。そして、後半30分は町中華には行きそうもない若い女の子が一生懸命レポートするからいいんだ。

正直、オレひとりでは60分はもたないよ。まず、呑んで食っているオレも胃がもたれるし、視聴者だってもたれちゃう。でも、オレが30分、女の子が30分だから絶妙なバランスが取れている。女の子たちがさ、いわゆる〝整腸剤的な役割〟になっているんだよな。

「オレひとりで60分やりたい！」なんて欲は微塵《みじん》もないよ。

オレと女の子の対比があるから、番組に深みが出るのだろうね。

本当にいい構成だと思う。

それ以前に、60分の尺を持たせようとしたら、相当な量の酒を呑む羽目になる。最後はベロベロ、それこそ支離滅裂になって収拾がつかないだろうけどね（苦笑）。

町中華の大将たちにある美学

以前からなじみのある町中華だけど、番組を通じていろいろな店を訪れて、大将それぞれのこだわりや思いを聞いていたら、あらためて「カッコいいな」って感じるよ。

もちろん、チェーン店にはチェーン店のよさがあるけれど、自分の看板で商売している町中華の大将たちには、それぞれの美学がある。

自分の腕一本で生きている男はカッコいい。

オレ自身がひとりで活動するようになったから、なおさらそう感じるのかもしれない。

「ビートたけし」という〝大看板の名店〟からのれん分けして、オレは〝自分の店〟を持った。つまり、老舗《しにせ》のミシュラン三つ星の店から独立して、ようやく自分の店をオープンしたということだよな。

オレなんかはまだまだ新参者だけど、『町中華で飲ろうぜ』に登場する大将たちはみんな何十年も、自分ののれんを守り続けている。

それだけで尊敬しちゃうよ。

彼らの生き方は、それこそ、この本のテーマである「美しく枯れる」っていうことなんじゃないかな？

時代に応じて、お客さんのニーズに応じて味を変えていったり、新メニューを加えたりするやり方もあるだろう。そのやり方をオレは否定しないよ。でも、たとえ時代の流れやトレンドとは無縁でも、**「いつも同じ味を提供すること」のカッコよさも、オレは忘れたくない。**

ラーメン、餃子《ギョーザ》、チャーハン、そしてレバニラ定食や青椒肉絲《チンジャオロースー》……。

町中華のメニューは、いわゆる定番モノばかり。それはまるで、球種の少ないピッチャーの投球みたいなもんだよ。それでも、なぜか相手バッターを抑えることができる。お客さんに満足感を与えることができる。球種が少なくたって、味わいのあるピッチングは可能だってことを証明しているよな。

ひとつの味を追求し続けていく——。

それが老舗と呼ばれる店のカッコよさだよな。

こうした生き方に派手さはないけれど、それはやっぱり「美しく枯れる」ことだと思う。

いまのオレは、「浅草キッド」としての活動はできていない。それでも、昭和の芸人らしさのような、滲《にじ》み出てくるフラはこれからも大切にしていく。

その点では、事務所に所属していようと、フリーになろうと、一切のブレはないよ。**オレはオレの味を、これからも追い求めていきたい。そして、美しく枯れていきたい。**

いまのオレの夢は、『町中華で飲ろうぜ』を10年、20年と続けていくこと。オレが大好きな『吉田類《よしだるい》の酒場放浪記』（BS-TBSで放送中）は放送開始から20年目を迎えているのだけど、20周年を記念して、類さんは台湾《たいわん》ロケにも行ったんだってさ。

オレも10年、20年と番組を続けて、香港《ホンコン》や台湾ロケに行きたいよな。でもそれは、もう「町中華」じゃなくて、「国中華」だけどね。

そして、もしも類さんになにかあったときには、『玉袋筋太郎の酒場放浪記』って、何食わぬ顔して番組を乗っ取ろうと思っているんだけどさ（笑）。

腐敗せず、発酵した50代でいたい

「美しく枯れる」ということを考えたときに、ふと「発酵」と「腐敗」という言葉が頭に浮かんだ。

発酵している状態なら絶品となる珍味も、一歩進んで腐敗してしまったらただの腐った食い物になって、腹を下すことになる。

これは腐敗なのか、それとも発酵なのか？

ギリギリのラインのところで、「食べられそうだな」って口にしてみる。「あっ、ダメだ」ってペッと口から吐き出すこともあれば、「おっ、意外にいけるぞ」となり、「いやいや、これは病みつきだぜ」って箸《はし》が止まらなくなることもある。

フグの卵巣なんて、本当にすごい食いもんだぜ。元来、毒性が強いのに、数年間糠《ぬか》漬けしたら毒が抜けて信じられないくらいの美味になる。

若い頃は釣ったばかりの鯛《たい》を船上でさばいて、まだ口がパクパクしている状態で躍り食いするような華やかな素材に魅了されたものだけど、50代になったらあらためてこのわたや塩辛の旨《うま》みがさらに理解できるようになった。

人間だってそうだよな。若い頃はとげとげしていて、「売れたい」「儲《もう》けたい」「モテたい」と欲望にまみれているのに、「人生」という糠床につかることで毒素が抜けて、いい味が出てくる。

それこそ、年齢を重ねて蘭奢待のような絶妙な香ばしさとなるのか、それとも単なる加齢臭となってしまうのか――そこには、天と地の差があるよ。

そしてこのスタンスは、「50代の仕事術」にも通じるものがあると思う。

オレには、鯛の躍り食いのような華やかさはすでにない。いや、そもそもなかったのかもしれない。眩《まぶ》しいくらいにキラキラして華やかな芸能界では、強烈な華やかさがないと天下は獲《と》れないよ。

でも、50代になったことで、ちょうどいい具合に発酵が進んで、ようやく年相応の渋み、辛み、塩みのようなものが評価されるようになってきた。

その最たるものが、『町中華で飲ろうぜ』だよ。

最近になって、オレにしかできない仕事、オレの持ち味が活《い》かせる場所が増えてきたように感じている。もちろん、ここで調子に乗ってしまったら、そのままズルズルと「発酵」ではなく「腐敗」となってしまうことも理解している。

やっぱりさ、**50も過ぎればいつだっていい具合に発酵している状態でいたいものだよな。**

そして、それこそがこの本のなかで何度も伝えている、「美しく枯れる」ということ。

さっき、「『町中華で飲ろうぜ』を10年も、20年も続けていきたい」っていったけれど、それは半分冗談で、半分本気でもある。オレがこれから年齢を重ねていくことで、自分でいうのもアレだけどさ、これからもっと円熟味を増していけると思っているんだ。

そうなったら、もっともっといろいろな表現ができる気がする。若い頃とは違った自分になれそうな気がする。

最近は、そんなことを痛感している。

むしろ、「これからは新しいことをはじめない」

街の本屋をのぞいてみると、「50代の生き方」に関する本がたくさん並んでいる。ちょっと気になってパラパラめくってみたのだけど、たいてい「老後に備えて新しい趣味を見つけよう」なんてことが書いてある。

趣味というのは、いわば人生の潤滑油のようなものだから、新しい趣味を見つけることは大切なことだよ。でもさ、「絶対、新しい趣味を見つけなくちゃ」って、血眼になって探すようなものでもないよね。

だから、オレの場合はむしろ**「これからは新しいことをはじめない」という意識で生きていこうかなと思っている。**

もちろんオレも、以前は「新しいことをはじめよう」としょっちゅう考えていたよ。雀荘《ジャンそう》の息子なのにマージャンができなかったから、「本格的に勉強しようか」と覚えてみようとしたこともある。まわりの人間の多くがゴルフをやっているので、「ゴルフでもやってみるか」と考えたこともある。

ほら、マージャンにしてもゴルフにしても、その世界の人たちで通じる独特のボキャブラリーとか、比喩《ひゆ》表現とかがあるじゃない。それを身につけることは芸人としてもマイナスにならないし、なによりも交遊関係が広がって、それが仕事につながる可能性だってあるもんな。

ただ残念なことに、いざはじめてみても結局は長続きしなかった。

そりゃそうだよね。だって、動機が不純なんだから。心から、「やりたい」と思ったことじゃないんだからさ。

ものごとは打算があったらダメなんだよ。ズルしちゃいけない。

そう考えたら、「だったら、別に新しいことをはじめなくてもいいや」って気づくことができた。だって、オレにはすでに大好きな居酒屋があり、スナックがあり、町中華がある。家に帰れば好きな映画を観たいし、プロレスの名勝負のDVDも観たい。競輪専門の放送『SPEEDチャンネル』を観て、選手の脚の状態を欠かさずチェックしなくちゃいけない。

オレには、やるべきことはたくさんある。そんなに興味もないのに、無理して新しいことなんかはじめている時間なんかないよ。

若い頃に、山本周五郎《やまもとしゅうごろう》の作品を読破したことがある。それをこの年齢になって再読すると、当時とはまったく違う感想を抱くんだよね。最近、『樅《もみ》ノ木は残った』を読み直したのだけど、かつては読み流していた部分もオレのハートにビンビン響いてくる。当主を引き立てる家臣の目線が理解できるようになったからだよ。

映画『男はつらいよ』も20代の頃から数えきれないほど観ている。でも、50代になったいま、寅《とら》さんの気持ちがもっと理解できるようになったし、グサッと深く刺さってくる。オレもそれなりに人生経験を積んだことで、一箇所に定住できない寅さんの悲しさ、「家庭を持つ」という人並みの幸せを手にできない悲哀がよくわかるんだよ。さすがだよな、山田《やまだ》洋次《ようじ》監督は。

プロレスなら、正直いってむかしはジャイアント馬場《ばば》の素晴らしさがいまいちピンときていなかった。断然、アントニオ猪木派だったんだ。だけど、自分も50代の半ばを過ぎ、芸人の世界でもベテランの域に差しかかってみると、馬場さんの渋さや佇《たたず》まいに魅了されるようになってきた。馬場チョップも16文キックも最高だよな。

いまのレスラーには、「椰子《やし》の実割り」なんて技は決して使えないだろう。

なぜそんな心境になれたのかといえば、人生経験を積み50代になったことで、つまり「年齢」が「物語」を補完できるようになったからだと思う。だからこそ、**いまから新しいことをはじめるよりは、すでに手にしているものをもういちど見直してみることって、意外と大切な気がする。**

それこそ「牛の反芻《はんすう》」じゃないけどさ、新しいことよりも、すでに経験したことをもういちどじっくりと味わい直す。そのうえで、新しいことをはじめても遅くないよ。

若い頃と比べたら、確かにもの覚えは悪くなっているし、新しい言葉もすんなり頭に入ってこない。「サブスクリプション」だ、「ローンチ」だって横文字でいわれても、なんだかピンとこないもの。

仕事だって趣味と同じだよな。さらなるステップアップを目指して、新しい資格取得のために努力するのはとても立派なことだよ。

でもさ、**「新しいなにか」を獲得する前に、もういちど「自分はなにを持っているのか？」という〝人生の棚卸し作業〟も、これからは大切になってくるんじゃないかな？**

自分ではあまり気づいてない、50代には50代にしか持ち得ない武器や味わいがきっとあるはずだから。

新しいことは次の世代、若い世代に託して、オレたちはオレたちが持っている武器で仕事に臨んだほうがいいと思わない？

むしろ、**そのほうが「勝ち目」がある。**

オレはそう思うよ。

ズルしない、近道を歩かない

「ファスト動画」って言葉を最近よく聞くよな。

いまの若者たちは映画や動画を観るときに、少し速度を上げて再生しているんだって。そこには、「少しでも時間を効率よく使いたい」という考えがあるみたいだ。

タイムパフォーマンス、略して「タイパ」って言葉も最近知ったのだけど、オレにはまったく理解できない考え方だよ。

あるいは、旅行に行くときでも、食事をするときでも、まずはスマホで検索して口コミのいいスポットや店を探すことからはじまるんだって。

詳しい人にナビしてもらったり、誰かのおすすめの場所だったりしたら、「失敗した」というリスクは減るかもしれない。オレみたいに、自分の嗅覚《きゅうかく》だけが頼りで、鼻（ハナ）をフル回転させて勘で飛び込む、通称「ハーナビ」を使うよりは、確かに精度が高いのかもしれないよな。

「効率がいいか、非効率がいいか？」って二者択一を迫られたら、そりゃあ「効率的なほうがいいな」とは思うよ。「無駄がいいか、無駄のないほうがいいか?」って尋ねられたら、「無駄がないほうがいいな」って、このオレでもいうよ。

でもさ、世の中のものごとや出来事がすべて、「まったく無駄のない効率的なもの」ばかりとなったら、それはそれで息苦しいじゃない? というか、**そもそも「完全に無駄のないもの」「100パーセント効率的なもの」なんて、この世に存在するはずがない。**

必ずといっていいほど、どこかで効率が悪かったり、ある程度の無駄な部分があったりするものだよ。たとえるなら、自動車ハンドルの〝遊び〟のようなものだよな。ハンドルの遊びだって、それがなかったらハンドルが固まっていて運転しにくいじゃない。

オレからいわせると、**「ファスト動画」だ、「タイパ」だっていうのはズルしている感覚なんだ。**本来なら、避けてとおることができないものごとや出来事を効率よくスルーして、少しでも平坦《へいたん》な道を進もうとしているように見える。

でもさ、**無駄に見えるようなことにも、意外なお宝が埋まっていることはよくあるし、たとえそれが失敗だとしても、それによって引き出しも増えるし、深みも増す。**その経験の積み重ねによって、自分なりの嗅覚が磨かれていくんだよ。こうして少しずつ「ハーナビ」の精度が高まっていくものなんだよね。

『酒場放浪記』でおなじみの吉田類さんは、店の前をとおるだけで、「この店はいいぞ」とか、「ここはちょっとパスしたほうがいいな」って判断できるらしい。

オレも最近ではまったく同じことがわかるようになってきて、その〝的中率〟はなかなかのものだよ。

それは仕事でも同じだよな。

世知辛い世の中だから、会社からは徹底的な効率化が求められていると思う。昨今の経済状況じゃ、少しの無駄も許されないだろう。

でもさ、10代や20代の頃から働きはじめて、社会人歴30年を超えてきた50代には、50代ならではの嗅覚も経験も技術もあるんじゃないかな？

だから、オレは自分の「ハーナビ」を信じるよ。同世代の人たちには、ぜひ自分の嗅覚を大切にしてほしいよな。

たとえ多少の遠回りになっても、時間のロスがあっても、命が取られるわけじゃない。

そんなことは、別に大したことじゃないんだからさ。

金はきれいに使えば回ってくる

2019年、「老後2000万円問題」が話題になったよな。

50代に入って、そろそろ「老後」ということを本格的に意識するようになってきたいま、やっぱり金については、みんなそれぞれ悩みがあると思う。

オレの理想としては、「アリとキリギリス」の例でいえば、**「キリギリスのまま冬を越したい」**という図々しい願いを持っているけれど、そんなにうまい話はないよな(笑)。

落語に、『芝浜《しばはま》』という名作がある。

腕はいいんだけど、酒好きで怠け者の魚屋の勝五郎《かつごろう》が、河岸に向かう途中に大金を拾う。で、「もうこれで働かなくていいや」って大酒飲んで酔っ払って寝ちゃうんだけど、目が覚めたら女房が心配そうに「頼むから仕事に行っとくれ」といってくる。

大金を拾ったのは、夢の中の出来事だったんだね。

ろくに働きもせずに酔っ払ってそんな夢を見た自分が情けなくなって、その日から勝五郎は酒を断って真面目に働き出す。それから3年が経った大晦日《おおみそか》の夜のこと。女房が「見てもらいたいものがあるの」と言い出して差し出したのは、あの日拾った大金だった……。

三遊亭圓朝《さんゆうていえんちょう》がつくったといわれているこの作品は、かつては古今亭志ん朝《こことんていしんちょう》師匠や談志師匠の十八番だったし、いまでは弟子の談春師匠も得意ネタにしている古典の名作落語だよ。

オレは結婚してからずっと小遣い制で生活しているのだけど、ある年の大晦日にカミさんに聞いたことがある。

「実は我が家も、芝浜みたいにかなりの大金があるんじゃないの？」って。

そしたら、「あるわけないでしょ！」ってけんもほろろだったよ。さすがに、落語みたいにうまくはいかない。

オレはこれまで何度か、いわゆる「貧乏」と呼ばれる状態に陥ったことがある。「フランス座」でバイトをしていた駆け出しの時期は貧乏で当然だけど、それなりに稼げるようになってからも、どん底に落ちた経験があるんだ。

最初の貧乏は、1996年のことだった。オレたち浅草キッドは、「運転免許証事件」で仕事を失ってしまったことがある。

もう古い話なので、知らない人もいるかもしれないけれど、運転免許証の証明写真を「どこまで変な写真が通用するか？」を試そうと、博士が運転免許証を紛失したことにして、何枚もおかしな写真を撮って再発行していたことがあきらかになったことが原因だった。

よせばいいのにさ、オレたちはその顚末《てんまつ》を面白おかしく『笑っていいとも！』（1982年～2014年までフジテレビ系列で放送された番組）の生放送でしゃべっちゃったんだよ。それで、道路交通法違反で書類送検された。

その結果、あのときはコンビとしての活動が自粛となり、オレたちは一気に極貧状態になってしまったというわけ。

当初こそ、「オレたちは伝説をつくったんだ！」とバカみたいに喜んでいたのだけど、月収3万円程度になり、カミさんの実家でしばらく身を預かってもらった。

コロナ禍で、芸人としての仕事がまったくなくなってしまったときもそうだった。オレみたいな「密接」「密集」「密閉」のいわゆる〝三密芸人〟にとっては、まさに死活問題だったよ。

芸人としての活動だけでなく、「スナック玉ちゃん」の経営も大変だった。緊急事態宣言が何度も出て、赤坂の歓楽街は閑散としていた。週に何度も顔を出すような常連さんすらこなくなって、店では毎日のように閑古鳥が鳴いていたよ。

暇だから店のテレビで『SPEEDチャンネル』をつけるのだけど、そこから聞こえるジャン（打鐘）の音だけが虚《むな》しく店に響いたよな。おまけに、車券はあたらないしさ……。あの頃は、「ステイホーム」ならぬ、「玉ホーム」の日々だったよ。

店の家賃、スタッフの給料もあるから、国からかなりのお金を借りて、いま返済の途上にある。

これまで何度もそんなピンチはあったわけだけど、なぜだかお金については楽観的な部分がある。

それを教えてくれたのが、（自分でいっちゃうけれど……）伝説の深夜番組ともいわれる『草野《くさの》☆キッド』（2005年〜2009年までテレビ朝日系列で放送された番組）など、多くの番組で共演した草野仁《ひとし》さんだった。

で、この番組をやっていた頃の話なんだけど、あれは確か11月だったと思う。そのとき入り用が多くてちょうど金欠だったんだよね。「酉《とり》の市」で新しい熊手を買うことすらちょっとためらっていたときだったから、季節もよく覚えている。

ちょうどそんなときに、草野さんの息子さんの結婚式が行われることになって、カツカツ状態だったけど、なんとかそれなりのご祝儀を工面した。

で、草野さんからは「ちょっとワンコーナーをお任せしたいんだけど」って、結婚式の余興の司会を頼まれて、もちろん快く引き受けたよ。

そうしたら、結婚式が終わって帰るときに草野さんがやってきて、「すごく盛りあがりました。どうもありがとう」って、「ドン！」って謝礼を手渡してくれたんだ。

その瞬間に思ったよね。


金はきれいに使えばきちんと回ってくるものなんだな――。

むかしから、「金は天下の回り物」っていうけれど、あれは真実だね。元々、お金には楽観的だったけれど、この出来事があってからますます頓着《とんちゃく》しなくなった。

実際に、仕事に関しても「ヤバい……。とにかく金が必要だ！」ってときにはなかなか仕事のオファーがこないものだけど、悠然と構えているときに限って、なぜだか次から次へと仕事のオファーが舞い込んでくるという経験は数えきれないくらいしてきたよ。

これは理屈じゃ説明できないのだけど、仕事もお金も、貪欲《どんよく》に追い求めているよりは、泰然自若でいたほうが不思議と回ってくる。特にオレたち50代は、若い頃のようにがっつくのはみっともないし、堂々と構えていたほうがいい気がする。

金がどうにかうまく回っていれば、人間関係もスムーズに回っていく。当然、仕事だっていい方向に行く。で、仕事が順調だと、カネもきちんと入ってくる。

この幸せのスパイラルを、うまく維持していきたいものだよね。

大金持ちは、お金を追い求めない

お金の話をさらに続けるけどさ、「金は人を狂わせる」ってのは本当のことだよね。

オレは競輪が大好きだけど、さすがに命金《いのちがね》を全部使ってまで、車券にのめり込むことはない。

世の中には、先物取引や株やＦＸなどの投資で全財産を失っちまって、自己破産を余儀なくされる人もいる。仕事や地位を失うだけでなく、オレの父親のように自ら命を絶ってしまうケースだってあるだろう。

そういう人は、ひとことでいえば**「自分を見失っている状態」**なんだ。

そういえば、だいぶ前に株の番組をやっていたことがある。

経済評論家の菅下清廣《すがしたきよひろ》先生が株の仕組みを教えてくれる経済番組だったのだけど、こう見えてもオレは商業高校の出身だから、貸借対照表も少しは読めるし、ある程度の株式の知識もある。で、「せっかくだから」ということで、番組内で紹介した新規上場銘柄を自分でも買ってみることにした。

当時は、ライブドアとか、グッドウィルとかが有望株だったんだけど、令和の現時点で、この銘柄を聞けば、誰だって「あっ、ヤバい」ってわかるよな？　でも、当時の大多数の人は「絶対に上がる！」と力説していたものだった。

実際に、しばらくのあいだはどんどん株価は上昇していった。このオレだって、「真面目に働くのがバカらしくなるな」って感じたくらいだもの。

だけどさ、結果はご存知のとおりだよ。粉飾決済や諸々のトラブルが発覚して、あっと言う間に二束三文どころか、ただの紙切れになっちまった。

「損切り」じゃないけれど、オレも「早く売り逃げしなくちゃ」って焦ったよ。でもさ、パスワードを忘れちゃってさ……オンライン証券にアクセスできなくて、ただただ指をくわえて見ていることしかできなかったんだ。

まったくバカな話だよな（苦笑）。

オレの親は雀荘やホモバーを経営していたし、オレだっていまではスナックのオーナーだから、基本は日銭商売で生きてきたということになる。

だから、「額に汗して働く」じゃないけれど、クリックひとつで大金が右から左へ移動するような世界にはなじみがない。

所詮《しょせん》、「不労所得」なんて柄じゃないんだよ。


むかし、『浅草橋《あさくさばし》ヤング洋品店』（1992年〜1996年までテレビ東京系列で放送された番組）という番組があったことを覚えているかな？　浅草キッドもその番組に出演していたのだけど、テリー伊藤《いとう》さんがバリバリだった頃の番組だから、いまならコンプライアンス違反で、絶対にオンエアされないような企画ばかりだった。

この番組には、たくさんの大金持ちが登場した。城南電機の宮路《みやじ》年雄《としお》社長や大塚美容外科の石井《いしい》秀忠《ひでただ》院長、中華料理ブームの火付け役となった周富徳《しゅうとみとく》さん、金萬福《きんまんぷく》さんもいたね。

そうそう、株式会社トキノ（現・SONOKO）の鈴木《すずき》その子《こ》社長にもお世話になったな。

こうした**大金持ちに共通していたのが、みんなお金を追い求めていなかったこと**。

もちろん、うなるほどの大金を持っているからいちいち追いかける必要がなかったのは事実だけど、そもそも駆け出しの頃からその姿勢は一貫していたみたいだった。みんな金遣いがきれいだった。

宮路社長なんてさ、いつもアタッシェケースに何千万円もキャッシュを入れて持ち歩いていたのに、着ていた背広は、ほつれた箇所をていねいに修繕してあったっけ。その姿を見て、「宮路社長、カッコいいよ」ってね。みんなとっても気さくな人で、気持ちよくご馳走《ちそう》になったもんだよ。

そのときに感じたのは、「オレも金持ちになったら、気持ちよく他人にふるまいたいな」ということだった。いまだに実現できていないのが情けないんだけどさ（苦笑）。でも、「ない袖《そで》は振れない」のが現実でもある。そんな状況でも、オレは〝心の袖〟だけはいつもブンブン振り回しているよ。

後輩芸人に酒をおごることもそうだし、「スナック玉ちゃん」終わりでタクシーに乗って自宅まで帰る際にコンビニに寄ってもらったら、タクシーの運転手にリポビタンDの差し入れしている。

大金は持ち合わせていないし、些細《ささい》なことしかできないけれど、オレはオレなりにできることはしたいと思っているんだ。

第3章

夫婦って なんだか難しい

ある朝、カミさんが消えていた

ある朝、目覚めたら、犬と鳥とカミさんがいなくなっていた——。

第3章は、まるで不条理小説のような書き出しではじめてしまったわけだけど、これは本当にオレの身に起こった「不条理」なんだ。いや、自作自演の三文芝居といったほうがいいかな。

これはまだ、どこでも話していないプライベートなことなのだけど、せっかくオレなんかの本を読んでくれている読者のみなさんに対して、ずっと隠し続けることは心苦しかったので、いまこの場ではじめて告白させてもらうことにした。

オレは、カミさんに愛想を尽かされて逃げられた。

この本のテーマである、「美しい枯れ方」にも通じる出来事だから、こうして恥も外聞もなく、正直な思いを語らせてもらうことにするよ。

オレがいま経験していることは、必ずみなさんの役に立つと思う。もちろん、反面教師としてね。絶対に、オレみたいになっちゃいけない。オレの姿を見て、我が身を振り返ってほしい。

そりゃあさ、カミさんが出ていった理由はいろいろあるよ。

ただ、ひとつだけいえるのは、オレはカミさんに甘え過ぎてしまっていたんだね。

ちょうど芸人として勢いが出てきた20代の頃に知り合ったもんだから、家庭よりも仕事中心の生活をずっと続けてきた。付き合いも多いし、みなさんもご承知のように、オレは酒が大好きで、いつもベロベロに酔っ払っていた。それはいまでも変わっていないのだけどさ。

オレなりに、カミさんも息子も大切にして、精一杯の愛情を注いできたつもりだったけれど、やっぱり、世間がいう「いいお父さん」には遠かったよな。

前の本でも書いたけどさ、50歳になった記念に滋賀県・雄琴《おごと》の高級ソープで最高のおもてなしを受けたことを嬉々《きき》として語ったわけだけど、風俗遊びも何度かあったよ。

要するに、これまでずっと好き勝手に生きてきたオレに対して、カミさんの堪忍袋の緒が切れてしまったんだよな。
マグマが爆発する前に、たくさんの予兆はあったはずだよ。けれども、そんなことにな
にも気づかずに、オレは自由気ままな生活を続けてしまった。
そりゃあ、怒るって。
「仏の顔も三度まで」というけれど、「三度」どころじゃないもの。原因はすべてオレに
ある。ただただ、「自業自得」という言葉しか浮かばないよ。

これまでオレが、何度もカミさんにいっていた台詞《せりふ》がある。
「オレが最後まで面倒を見るから心配するな」
その台詞の裏側にあったのは、「だから多少の遊びには目をつむってくれよ」という傲《ごう》
慢《まん》な思いだったのかもしれない。都《みやこ》はるみと岡千秋《おかちあき》の『浪花《なにわ》恋しぐれ』って歌があるじゃ
ない。まるで、その歌詞の一節だよ。

芸のためなら　女房も泣かす
それがどうした　文句があるか

東京・新宿生まれ新宿育ちの生粋の東京人なのに、ついつい浪花の芸人の生き様と自分を重ね合わせて粋がっていた。

でも、こうしていざ目の前から姿を消されてしまうと、一気に現実に引き戻されたような気がした。まるで、フェデリコ・フェリーニの『道』（1954年作品）の世界だよな。ジェルソミーナの死を知って砂浜で嗚咽《おえつ》しているザンパノこそ、まさにオレの姿だった。

コロナ禍に世界中が揺れていたときのこと。緊急事態宣言が発出され、仕事もなくなり、ずっと家に引きこもっていた頃、オレはザンパノのようにただただ部屋で打ちひしがれていた。

この頃、近所のスーパーでよく出くわす近所のおじさんに会ったときにいわれたよ。

「最近、奥さんの姿を見ないね？」

内心では「ギクッ」としたよな。さすがにおじさんも、「ひょっとして、奥さんは床下に埋められているのかもしれない……」なんて邪推はしないと思うけれど、やっぱり見ている人は見ているものなんだよ。

オレとカミさんとの不思議な関係

自業自得でメタメタに打ちのめされていたのだけど、**実はカミさんとの関係はまだ完全に切れたわけじゃない。**

カミさんが出ていって、もう5年が経った。まだ籍は残っているし、日常の身の回りの世話も献身的にやってくれる。いまでもオレが仕事に行っているあいだに、カミさんはひっそりと我が家にやってきて、洗濯や掃除をしてくれている。外食中心だから食べることは自分でやっているけれど、それ以外の家事全般はカミさんがやっていてくれるので、**なんとか〝普通の生活〟は維持できている。**

オレの仕事のスケジュールもすべて把握しているから、それこそ地方に出かけるときには、きちんと荷物をまとめてくれて、カバンひとつで出かけられるように準備までしてくれる。そして、いつもメモが置いてあって、そこで簡単な近況報告のやり取りをする。

電話を鳴らしても着信拒否だし、ＬＩＮＥはブロックされているから、デジタル上のつながりは完全に失われてしまった。

けれども、アナログでのつながりはかろうじて保たれている。我が家では、競輪場で車券を購入するときに記入するマークカードの裏をメモ用紙代わりにしているのだけど、これまでに数えきれないくらい投票券による往復書簡が繰り返されている。

ほかの手段としては、せがれの嫁さんに言付けをして代わりに連絡を取ってもらうこともある。直接声を聞いているわけじゃないにせよ、それだけでもホッとするよ。

そのうち、往復書簡も失われて伝書鳩や矢文や狼煙《のろし》になるかもしれないけどさ、コミュニケーションツールが残されているだけありがてぇよな。

カミさんが出ていく前、ふたりで個人会社を発足させた。で、その会社の社長の名義はカミさんだ。会社をつくった途端にいきなり社長が失踪《しっそう》して、波乱万丈の幕開けだったわけだけど、カミさんの偉いところは、オレに愛想を尽かしつつも社長としての業務をまっとうしてくれていることだよ。

前章でも述べたけれど、オレは結婚してからずっと小遣い制でやってきた。カミさんからの供給がストップしてしまえば、真っ先にオレはダウンしてしまう。

だから、兵糧攻めをして、オレを干上がらせることなんて簡単なことなのに、きちんと定額を準備しておいてくれるし、不測の事態が起こったときにもちゃんと工面してくれる。それだけじゃなく、社長でありながらも、会計や経理も担ってくれている。

ゆっくり対面したり、じっくり話をしたりする機会はないよ。でも、生活面でも仕事面でも、公私にわたって支え続けてくれているのだから、本当に助かるよ。

もちろんまだ怒っているだろうし、これまでのことを許してくれたわけじゃないのは十分過ぎるくらいに理解している。それでも、かろうじて関係が途切れていないことは、幸せなことだと思う。

カミさんが出ていってから、こんなオレにも初孫が誕生した。孫の存在もまた、オレたち夫婦の関係をつなぎとめる接着剤の役割を果たしてくれている。

孫の誕生日やお宮参りに行くときなど、なにかと孫がらみのイベントや行事があるから、そのたびに「じいじ」と「ばあば」は顔を合わせることになるってわけだ。そのときはお互いに気まずさや気恥ずかしさはあるけれど、そのおかげでカミさんの顔を見るチャンスが与えられて、「元気そうにやっているな」って確認できるのは素直に嬉《うれ》しい。

まさに、「子はかすがい」ならぬ、「孫はかすがい」だよ。

ちなみに、孫をあやしながら、「ばあばはどこに行ったのかなぁ？　じいじのところに戻ってくるかなぁ？」って、ふざけていっていたら、せがれの嫁さん、つまり義理の娘が「帰ってこない！」って断言していたっけ（苦笑）。

女同士では連絡を取り合っているんだろうな、きっと。幸いなのは、せがれ夫婦とカミさんとの関係は以前のままであること。いや、むしろ深まっているようにも感じる。「ダメ男」という共通の〝悪役〟ができたのがよかったのかな？

で、いまさらながらカミさんの立場でものごとを考えるようになった。

結婚して30年ものあいだずっと、身勝手な暴君の悪政に耐え続けてきたんだよな。そしてついに堪忍袋の緒が切れて、彼女は「家を出ていこう」という決断を下した。

きっと、オレに気兼ねすることのないひとりでの生活は楽しいと思う。結婚後はじめて、「自由」というものを満喫しているのかな？　本来ならそのままフェードアウトして自然消滅となってもおかしくなかったたし、いきなり離婚届が送られてきたっておかしくなかった。だけど、それでもオレのことを気にかけてくれるんだからさ、やっぱり「感謝」という言葉しか思い浮かばないし、泣けてくるってもんだよ。

さっきもいったように、オレがいないときを見計らって、定期的に身の回りの面倒を見てくれている。でも、いまカミさんがどこでどんな暮らしをしているのか、オレはまったく知らない。

もちろん、探偵とはいわないまでも、後輩や友人に頼んでカミさんを尾行して居場所を突き止めることだって、やろうと思えばできるだろう。

でも、「それをやったらおしまいだよ！」と、オレの心のなかの寅さんがささやくんだよね。カミさんがいま、どんな生活をしているのかはとても気になるよ。

居場所を突き止めたうえで、誠心誠意謝って、「お願いだから戻ってきてくれ！」と土下座したい気持ちもある。

だけどやっぱり、「それはすべきじゃないよ」というもうひとりのオレがいる。

もしもオレがカミさんの居場所を突き止めて頭を下げたとしても、それによって彼女の傷をより深くすることにもなりかねないだろ？　きっと、カミさんが負ってしまった傷はまだ癒《い》えていないだろう。「オレ」という破傷風菌が入り込むことによって、症状がさらに悪くなることだけは絶対に避けなくちゃならない。

確かにさみしいけれど、カミさんが家を出て行った直後の落ち込み具合を考えれば、この「不思議な生活」にも少しずつ慣れてきた気がしている。

内心では、「これでFANZAを観ながら、堂々とセンズリができるぜ！」なんて強がってみたものの、もちろんそんなのはハッタリでしかないよ。本音はさみしくて仕方がない。

ただ、こうして正直な思いを話せるようになってきたってことは、少しずつこの生活を受け入れられるようになっている証《あか》しなのかもしれない。

社会では自分勝手に、家庭ではカミさんファースト

50代を迎えてからというもの、「これからどう生きようか？」と柄にもなく真剣に考え

るようになった。それまでの自分の仕事ぶりを振り返ってみたり、自分なりによかったところ、悪かったところを挙げてみたりした。

そのときに気づいたのが、**オレはよくも悪くも、「玉袋筋太郎」という芸名にとらわれ過ぎていたということだった。**

殿からもらったこの名前、オレは本当に大好きだし、誇りにしている。厳格だった父親に「いい名前だな」って褒めてもらったことは、死ぬまで忘れないよ。

コンプライアンス違反ギリギリの被差別芸名だからこそ、オレは無意識に「玉袋筋太郎っぽくふるまわなくちゃ」とか、「玉袋らしくしよう」という思いに支配されていた。そこには毒蝮三太夫さんへの憧《あこが》れもあったのだけど、冷静に考えれば、「玉袋らしさ」ってなんだよ？　笑っちまうよな？

その〝らしさ〟もよくわからぬままに、「破天荒に」とか、「無頼派っぽく」とか、知らず知らずのうちに自己演出をしていたような気がする。でもさ、50代を迎えるとともに浅草キッドが開店休業状態になり、事務所からも独立してひとりでやっていくことになってみて、ふと気づいたんだよ。

「無理して玉袋筋太郎を演じる必要はないんだ」って。

そう考えられるようになったら、気が楽になった。「芸人のフラ」の話をしたけれど、ただそこにいるだけでなんとなくおかしいとか、雰囲気や佇《たたず》まいがいい感じだとか、その人にしか出すことができない味ってものがある。

ならば、オレにはオレの味があるはずだよな？　自分ではよくわからないけれど、たぶんそれが『町中華で飲ろうぜ』だったり、スナック経営だったりするんだろう。

そう考えたら、芸名に縛られることなく、**「少しくらい身勝手に、好き勝手に生きてもいいんじゃないのかな」って思えてきたんだよ。**「玉袋筋太郎」という名前を建前にして、無意識のうちに無頼を演じていたことに気づいたんだ。でもさ、**その「玉袋筋太郎」は〝本当の自分〟ではないよな？**

だから、もう50代も半ばなのだから、もう少し芸名にとらわれずに自分勝手に生きるのもありだと思うようになった。そりゃあさ、社会に出ればしがらみばかりだよ。それこそ、いまのご時世はコンプライアンス遵守で汲々《きゅうきゅう》としているよな？　それでも、他人に迷惑をかけない身勝手さなら、多少タガを外したって構わないじゃない？　オレはそんな気がしている。

だけど、ここで忘れちゃいけないのは、それはあくまでも社会において、仕事においてのみだということ。家庭でも身勝手に、好き勝手にしたらダメだよ。じゃあ、家庭ではなにを最優先すべきなのか？

決まっているじゃない、それはカミさんだよ。

「都民ファースト」よりも、まずは「カミさんファースト」じゃなきゃダメなんだ。

カミさんが楽しく幸せそうにしている姿を見ることが、夫の幸せにもつながる。夫婦円満なら、子どもだって幸せになる。そして、幸せのスパイラルが生まれる。今回、カミさんが出て行ってから、そんなことを痛感している毎日だよ。

いまとなっては手遅れなのかもしれないけどさ、もういちど以前のように戻れるのなら、オレは絶対「カミさんファースト」を貫く。

これだけは譲れない、オレの公約だよ。

波乱万丈だったカミさんとの30年間

カミさんがいないことに関して、「少しずつこの生活を受け入れられるようになってきた」って書いたけれど、それはやっぱり無理かもしれない。

前言撤回！　頭のなかでは「受け入れなくちゃいけない」とわかっていても、これまで30年ものあいだ、ずっと一緒に過ごしてきた人が突然いなくなるのはとんでもなくさみしいし、そう簡単に受け入れられるものじゃないよ。

夜、家でひとりになると、柄にもなく胸がキュンと苦しくなることがある。ウォーキングしていても、夫婦ふたりで同じヘッドフォンで同じ落語を聴いて、「ハハハ」って笑いたいなって思う。

いまは家に帰っても、部屋は真っ暗。自分で電気をつけて、「ただいま」って独り言をいうだけ。以前なら、「お疲れさま」って声が聞こえて、すぐにビールと刺身が出てきたものだけど、いまは遠いむかしの思い出になっちまった。冷蔵庫に行って缶ビールを取り出して、乾きものをつまみにしてひとりで晩酌タイムだよ。

さっき話したスーパーのおじさんの件じゃないけどさ、同じマンションに住む人たちも、「そういえば、最近、奥さんの姿を見ないわね？」なんてウワサしているんじゃないのかな？　ついつい、そんなことが気になっちまう。

別に干渉されているわけでもないのに、人目を気にして、オレは玄関を開けるときにわざと少し大きめな声で、「ただいま、疲れちゃったよ～」なんて、さも誰かがいるような一人芝居を演じている。

ある晩、部屋に鍵《かぎ》を置いたまま、近くのコンビニにビールを買いに行ったことがあった。そして情けないことに、マンションのオートロックの開け方を忘れてしまった。いや、オレはそもそも暗証番号を知らなかったんだよ。真夜中だから管理人は不在。誰かが出入りするのを待っていたのだけど、そんなときに限って、誰もきやしない。あのときは心細かったし、とにかく情けなかった。

仕方ないから隣の部屋のインターホンを押して、事なきを得たよ。

で、カミさんに逃げられたことを悟られないように、「女房が実家に帰っていまして……」なんて嘘をいったんだけどさ、あのときは本当に参った。

自分ひとりでは部屋に入ることすらできないんだから、情けないったらありゃしないよ。目の前からいなくなってはじめて、カミさんの存在の大きさを噛《か》み締めている。

前の本にも詳しく書いたから、ここでは簡単に触れる程度にしておくけれど、**オレとカミさんとのあいだには、それなりに波乱万丈の物語がある。**

カミさんとの出会いは、オレが25歳のとき。ようやくテレビに出始めたばかりで、当時オレが出演していた『浅草橋ヤング洋品店』を観た彼女から写真入りのファンレターをもらったことが交際のきっかけだった。

その直後に神奈川県の相模原《さがみはら》で行われた営業に彼女が現れて、オレも若かったから「メシでも行こうか?」って軽い気持ちから交際がスタートした。

ところが、そこにはとてつもなく大きな問題があった。実は、当時の彼女は結婚したばかりで、1歳になる男の子の母親だったんだ。しかも、シングルマザーではなく、れっきとした旦那《だんな》もいる。

自分が通っていた高校の先生のことが好きになり、卒業と同時に結婚したばかりだというから、それにはオレも驚いたよ。

やがて、その旦那にオレとの関係がバレてしまった。オレは別れを覚悟したけれど、彼女は「離婚する」という。そうなればオレも男だ！　腹を括《くく》ったよ。

もちろん、周囲からは大反対されたよ。でも、オレに迷いはなかった。彼女の旦那のところに行き、土下座をして謝った。罵倒《ばとう》されたり、殴られたりすることも覚悟していた。でも、彼はすでに覚悟を決めていた。ものすごく、冷静な人だった。

「息子……息子のことだけはしっかりと面倒を頼みます」

この瞬間、オレはとても重いものを背負うことになった。そして、「その息子とともに、絶対に彼女を幸せにする」って誓ったよ。

それからは、オレなりに一生懸命頑張ったよ。自分で「頑張った」なんていっちまうのは野暮なことだけど、オレなりに真剣に仕事に向き合ってきたつもりではある。

でも、気がつけばオレは初心を忘れてしまい、いつの間にか単なる身勝手な暴君と成り果てていた。

むかしから母親に、「男は50歳になってからだよ。50歳になったらモテるよ」っていわれていたのだけど、実際に50歳になった頃から急にモテはじめた。でも、ふらふらして最終的にカミさんを傷つける結果に終わったのだから、そういうのは「モテる」とはいわないよな。なにもかも勘違いしていたし、なにもオレはわかっていなかった。

50代は、夫婦にとって最高に幸せな時期

50代になると、夫婦関係にも変化が訪れる――。

家庭によっては「熟年離婚」なんてケースもあるだろうし、パートナーが大病したり、ときには死別で永遠に離れ離れとなったりすることも起こり得るだろう。

オレ自身がこんな状況にあるから、最近は「夫婦のあり方」についていろいろ考えることが増えた。

この先、仮にカミさんと元の関係に戻ることができたとしても、どうしても「あの空白の数年間がなければ、あんなことやこんなこともできたのに」って後悔の思いはずっと残るはずだよ。

年を取って健康を損ねてしまい外出もままならなくなったり、寝たきりになってしまったり、認知症になってしまったりしたときに、オレは絶対に「あの貴重な時間を無駄にしてしまった」と、離れていた時間を悔やむことだろう。

結婚した当初は、もちろん同じ部屋で同じ床で寝ていた。それがしばらくすると別々の布団を敷くようになり、気づけば別々の部屋で寝ていた。さらに我が家の場合は、別々のフロアで寝るようになって、いまでは〝別々の家〟で寝ている。

まったく笑えないよな。もういちど同じ家で寝るときは戻ってくるのかな？

繰り返しになるけれど、**50代なんて、夫婦にとっては最高にいい時期だよ。**子育ても一段落して、ようやく自分たちだけの時間が持てるようになる。まだまだ身体も元気だし、ある程度の貯えがあれば、一緒に旅行したり、映画や芝居を観に行ったり、うまいものを食べに行ったりもできる。

夫婦としては「これからだ！」という素晴らしい時期のはずなんだよ。**50代っていうのは、環境も整い、心身ともに充実して、まさに上質のワインのような芳醇《ほうじゅん》な夫婦関係を楽**

しめる時期だと思う。

子育て中は「パパ、ママ」だった関係が、孫が生まれたことで、「じいじ、ばあば」の関係に変わったけれど、**子どもが独立して家庭を持った以上、カミさんとふたりでいるときには「パパ」でも「じいじ」でもなく、オレは〝ひとりの男〟に戻る。カミさんだってそうだよ。「ママ」でも「ばあば」でもなく、〝ひとりの女〟に戻るんだ。**

夫婦にとっての50代は、これから円熟期がはじまると同時に、むかしのようにひとりの男と女に戻ることができる、最高に幸せで、最高に大切な時期だといえる。それをみすみす手放すようなことはしてはいけないよ。自戒の意を込めて、オレは声を大にしていいたい。

あたりまえのことをいうけどさ、**人生は無限じゃない。限られた時間のなかで、人はめぐり合って、人生をともに過ごしていく。**

世界中に何十億人という人間がいるなかで、同じ時代を過ごし、縁あって所帯を持つことになるなんて、奇跡みたいなものじゃない。

そんなかけがえのないパートナーと過ごす時間は、本来ならば1秒だって無駄にしちゃいけない。そんなあたりまえのことを、オレはすっかり忘れていた。

ぜひ、みなさんにはこんな間抜けで情けない思いはしないでほしい。だからこうして恥を忍んで、オレは自分の身に起こっている現状を正直に話している。

まったく説得力はないかもしれないけれど、いまのオレにいえることは、**「50代になったら夫婦の関係をもういちど見つめ直そう」ということ。そして、「カミさんには素直に感謝の気持ちを伝えよう」ということ。**

いまとなっては、もっとはっきりと「ありがとう」っていっておけばよかったって、本当に反省している。

「さみしさ」と並走して生きる

完全に泣き言になっちゃうし、100パーセント自業自得なのだけど、いまはさみしくて、さみしくて仕方がない。

オレは、見かけによらず相当なさみしがり屋でもある。一応、やせ我慢をして生きているけれど、**「さみしさレベル」でいえば黒帯に赤い3本線が入った師範代レベルだな。**

さみしさとは友人にはなりたくないし、ましてや親友になんて絶対なれない。

本来はくつろぐべき自宅にいても、ただただ、さみしいだけで、まったくリラックスできないし、楽しくもない。「なんでこんなことになっちまったのかな……」って嘆いたってはじまらないのはわかっちゃいるけれど、ついついため息のひとつも出ちまうよ。


これまでだって、いくつかの「さみしさ」を経験したことはある。

金策に疲れ果てた父親が自ら命を絶ってしまったこと。それが、実の姉夫婦が金を無心していたことが原因だったこと。その後の遺産相続のトラブルによって、家族がバラバラになってしまったこと。

浅草キッドが開店休業状態にあること。長年の相棒である水道橋博士と、生き方、考え方の面ですれ違いが生じてしまっていたこと。敬愛する殿とのあいだに距離ができてしまったこと……。

そして、今回のカミさんとのこと。

今回の一件に関しては、すべての責任がオレにあるのは間違いない。そしてさ、こんな毎日を過ごしているうちに思ったよ。

「これからの人生はさみしさとともに生きていくんだろうな」って。

50代を迎えると、長年連れ添ったパートナーと離れ離れになるケースも増えていく。それが不可抗力によるものなのか、それともオレみたいに自業自得によるものなのかはともかくとして、**「いつかそんなことも起こり得るんだ」**ということは、常に頭のどこかにとどめておく必要があるんじゃないのかな?

なかなかさみしさには慣れないし、ましてや友人にもなれないけれど、それでも**「常にさみしさとともに生きていく」という覚悟だけは持ち続けていたほうがいい。**「さみしい」という思いはないに越したことはないよな? かといって、一生、さみしさを感じない能天気な人間も、人として薄っぺらい気がする。

いい年をした大人が「さみしい、さみしい」と嘆いてばかりいるのも情けないけれど、だからといって、すべてを抱え込んでしまう必要もない。そんな無理をしていたら、身体に悪いよ。

さみしいときには「さみしい」といいながら酒を呑《の》んだり、愚痴をいったりしてもいいじゃない。人間は感情を持った生き物なのだから、誰にだってそんなときはあるよ。

家に帰って、「ひとつ風呂《ぷろ》浴びようか」と思って素っ裸になったあと、浴槽の汚れに気がついて、フルチン姿で風呂掃除をしているときにあまりにも自分が情けなくなって、「さみしいなぁ……」って口走ってしまったこともあった。

きっと、この本を読んでいる人たちも、情けなくて、わびしくて、弱気になる瞬間もあると思うけれど、その気持ち、オレもすごくよくわかるよ。

だからさ、**この際、みんなでさみしさを分かち合おうじゃないか。**

愚痴ってばかりの湿っぽい酒は好きじゃないけれど、たまには「さみしさ自慢」を肴《さかな》に呑むのもいいかもしれない。

「オレのほうがさみしいよ……」

「なにいってんだ、オレのほうがもっと悲惨だよ……」

「バカヤロー！　その程度でなにいってやがんだよ。オレなんかな……」

どんどんエスカレートしていくうちに、だんだん自分の悩みがちっぽけなものに思えてきたり、「みんなさみしいなりに頑張っているんだな」って勇気をもらえたりすることもあるはずだよ。

それなりの年齢になれば、たくさんのことが我が身に降りかかって、どうしたってさみしさはまとわりついてくる。だったら、それに抗《あらが》うんじゃなくて、**「さみしさと並走して生きていこう」という切り替えも大切だよね。**

カミさんが無事に戻ってくるまでは、そんな思いで生きていくことにする。

「もしも、一生帰ってこなかったらどうする？」って？　そんなさみしいこというんじゃないよ！　オレだって、少しは希望を持って生きていきたいよ。

ひとりの時間を楽しむ「孤独力」を磨く

じゃあ、「さみしさと並走して生きていく」ためには、どうすればいいだろう？

残念ながら、オレにはまだ具体的な方法が思い浮かんではいない。

みんなでワイワイ呑む酒も好きだけどさ、ひとりでじっくりと、しんみりと呑む独り酒も好きだから、「ひとりになること」に対する耐性はあると思っていたけれど、やっぱり、それとこれとは別のようだった。

よくある自己啓発書を手に取ってみても、「孤独力を磨こう」と書かれている。誰にだって孤独がつきまとうものだから、無理やり「孤独をなくそう」とあがくよりは、「孤独と友人になろう」とか、本に書かれているように「孤独力を磨こう」という考え方には共感できるよ。

けれども、具体的にどうすればいいのかは、いくら考えてみても売れている啓発書を手にしてみても、オレにはよくわからなかった。というよりも、**その答えは千差万別で、自**

分で探すしかないというのが、本当のところなんじゃないの？

自分から問題提起しておいて、「答えは自分で探せ」というのは無責任な言い方で申し訳ないけれどさ、50代を生きていくうえで、「孤独力を磨く」というのは、ひとつの大きなテーマなのかもしれない。

オレは人前で泣き言をいうのが好きじゃないから、どうしてもやせ我慢をしてしまいがちだよ。この本では、さんざん泣き言ばかりいっているから説得力はないかもしれないけれど、本当のところは、ひとりで抱え込み過ぎてしまって、気がついたときにはパンクしてしまうことばかりだった。みんなだってそうだろ？

だけど、これからはそれじゃいけない。若い頃のようになんでもかんでも抱え込めるような強靭《きょうじん》な体力は持ち合わせていないしね。それでも、泣き言ばかりをいうやつも信用できないよな？　だからこそ、孤独力を磨く必要があると思う。

で、オレなりにいろいろ考えた結果、うっすらとだけど見えてきたことがある。

それが、**「これからは、人に優しくしよう」ということ。**

新たな人生のテーマは「人に優しく」

――自分の半径3メートル以内の人間を幸せにできない人間が、テレビの前の何千万もの人間を幸せにできるはずがない――。

オレはこれまで、カッコつけてこんなことをよく口にしていた。

でも結局は、「半径3メートル」どころか、「半径1メートル」以内にいたカミさんすら幸せにできていなかったのだから、とんだお笑い草だよ。「芸人失格」どころか、「人間失格」といってもいいありさまだよな。

そんなオレが、**痛い目に遭ってようやく気づいたことが、「人に優しく」ということ。**

THE BLUE HEARTSの歌じゃないけれど、「人に優しく」って、本当に大切なことだよ。

孤独力を磨くうえで、「人に優しく」って、すごく重要だよな。もちろん、「人に恩を売って、自分が困っているときに助けてもらおう」という、どこか打算的な考えからじゃないのはわかってくれよ。

オレがいいたいのは、**「人に優しくすることで、その人とつながっているという実感が芽生える」ということ。**そうなれば、たとえひとりでも、たとえさみしさを感じていても、「オレは誰かとつながっている」という実感を味わうことができる。

いつも誰かとつながっている実感があれば、さみしさもだいぶ和らぐよな？
たとえいまはひとりでも、誰かの存在を感じることができるよな？

なんだか、この章では「人生は無限じゃない」とか「孫はかすがい」だとか、「人に優しく」とかきれいごとばかり並べているようでこっぱずかしいけどさ、やっぱりむかしの人がいうことは真実だよ。

いつだったかな、ピエール瀧《たき》と呑んでいたときのことだよ。
アイツもいろいろあってさ、心身ともにダメージを負っていたときに、ふたりだけでしみじみとビールグラスを傾けていたんだ。そのときにふと、瀧がいったよ。

「人に優しくしたいよね……」

その言葉を聞いて、オレもいったよ。

「そうだな、人に優しくしたいものだよな……」

で、ふたりともすでにできあがっているから、「瀧は優しいよな」「いやいや、玉ちゃんお互いに褒め合戦がはじまっちゃった。

オレも瀧も、自分が痛い目に遭ってはじめて、人に優しくされることの嬉しさ、ありがたさに気づいたからなのかな？　そして、人に優しくすることで、あらためて「自分はひとりじゃないんだ」って実感できたんじゃないのかな。

だからさ、まわりにいる人たちに感謝の思いを持って、優しく接したいと思っているんだ。

中高年が大事にすべきキーワードは、「人に優しく」だよ。

いまのオレが偉そうにいえる立場にないのはわかっている。でも、前回の本『粋な男たち』で書いた次の一文に嘘はない。

――オレはやっぱりカミさんと結婚してよかったと思っているし、血のつながりはないかもしれないけど、それでも立派なせがれを育て上げることができてよかった。きちんと家庭を守れない人間じゃ、芸人として人を笑わせることはできないよ――

白々しく聞こえるかな？

だけど、この思いはいまでもまったく変わっていない。だらしなくて不真面目なオレだけどさ、そのことだけは正真正銘、嘘偽りはないよ。

いや、むしろその思いはさらに強くなっている。

30回目の結婚記念日

2023年8月25日――。

オレは柄にもなく、ジャケットなんか着てめかしこんでソワソワしていた。実はこの日は、オレたちにとって30回目の結婚記念日だった。

これまでは結婚記念日なんて意識をしたこともなかったし、たいていは気づけばその日が過ぎていたのだけど、このときばかりは違っていた。なぜなら、「結婚記念日をふたりで祝いたい」と思って、銀座《ぎんざ》の高級鮨《すし》屋を予約していたからなんだ。

もちろん、「あわよくば復縁を」という下心がなかったといえば嘘になるけれど、こんな状況にあるからこそ、記念すべきこの日を久しぶりにふたりだけで過ごして、いままでの感謝の念を伝えたいという思いがあった。

これまでは、競輪の車券購入シートの裏側のメモによる往復書簡が最大のコミュニケーションツールだったわけだけど、ある日、たまたまオレが家にいるときにカミさんが入ってきたことがある。久しぶりのことだから、オレは心臓が飛び出そうなほどドキドキしたよね。でも、カミさんは平然としていた。やっぱり、いざとなったら女性は肝が据わっているよな。

そのときにはすでに鮨屋を予約していたから、オレは「絶好のチャンス到来！」と、勇気をふり絞って誘ってみたんだ。

「え？　行くわけないでしょ」

そう冷たく断られる覚悟をしていたのだけど、意外にもはっきりと「ノー」を突きつけられることなく、「考えてはみるけど……」という雰囲気だった。

それまではガッチガチ、ギッチギチに締められていたネジだったのが、「歳月」というグリースが加わったことで、少しだけ緩みはじめている感触があった。

もちろん、オレが勝手にネジ山を壊してしまったから、それでもまだまだネジを外すのは簡単なことじゃないのだけど、それまでの険悪な状況と比べたら、少しだけいい感じになってきた気もする。

もちろん、まだまだ完全なロック解除までには時間がかかるけれど、それでもオレはあきらめずにピッキングを続けるつもりでいるよ。

そして、ついに〝その日〟を迎えた。

30回目の結婚記念日当日、オレはソワソワしながら銀座の鮨屋のカウンター席にいた。

当日までカミさんからの連絡はなにもなかった。こちらからは連絡する手段がないのだから、オレができることは約束の日時に、約束の場所でカミさんを待つことだけだ。

当日は、少し早めに店に入って、案内されたカウンターでビールをチビチビやりながら、カミさんがくるのを待った。

背後で店のドアが開くたびに、オレの心臓は飛び出そうになった。

(本当にくるのか、それとも……)

気持ちは千々に乱れる。せっかくのビールなのにまったく呑んでいる気がしない。

もしもカミさんがこなかったら、日頃からお世話になっているマネージャーを呼ぼうか、それとも、折にしておみやとして持ち帰るか……。

そんなことをぼんやりと考えていたときだった。

大将の「いらっしゃい」という威勢のいいあいさつとともに振り返ると、そこにはカミさんの姿があった。決して、「満面の笑み」ではなかったけれど、とにかくきてくれただけで嬉しかった。大物レスラーを見事にブッキングした、敏腕プロモーターのような心境だったよ。

どこか緊張もあるから、「会話が弾む」という感じではなかったけれど、それでも孫のことや、これまでの30年間のことについて話をした。

それにしても、高級店は気遣いが違うよな。というのも、オレは直接カミさんに話しかけるのが照れ臭いから、大将に向かって「実はさ、結婚30年の記念なんですよ」なんて明るくしゃべっていたんだけど、ちゃんと「あっ、そうなんですか！　おめでたいですね」なんて、きちんとカミさんに向けて会話をつなげてくれるんだよ。

実はカミさんがくる前に、大将には結婚記念日だということも、ちょっといざこざが起きていることも告げていたんだ。でもまるで、はじめて聞く話かのようにリアクションをとってくれるのだから、本当に助かった。さすがは、一流店の接客だよ。

おかげで、美味《おい》しい食事と、この日のために準備したブランド物のプレゼントを渡すことができた。ここまでは、すべて順調に計画は進んだわけだ。


あとは相手がどう出るかだ。カミさんがどんなリアクションを起こすかだ。

お会計を済ませてエレベーターに乗り込んだ。

店は9階にある。1階に着くまでは個室でふたりきりの空間だ。

(カミさんはなにか仕掛けてくるのか？)

オレは身構えた。どんな技がきても、きれいな受け身をとってみせるつもりだった。

そして、沈黙が支配したままエレベーターは1階に着いた。扉が開く——。

さぁ、勝負の瞬間だ——。

カミさんが静かに口を開いた。

「ごちそうさま……」

そして、スタスタとオレとは反対方向に歩き出してしまったのだ。呆然《ぼうぜん》とするオレ。カミさんが遠ざかり、その背中がどんどん小さくなっていく。


一応、試合は成立した。しかし、1980年代のプロレスでよく見たような不透明な決着で試合終了のゴングを聞くことになった。オレは試合に勝ったのか？　負けたのか？

冷静にこの試合をレビューすれば、プロモーターとしては見事に銀座の鮨屋に招聘《しょうへい》することに成功した。けれども、レスラーとしては自分の持ち味を発揮できぬままリングを下りることになった。そんなところだろうか。

これは近々、〝再戦〟するしかないだろう。

まだまだ予断を許さない日々が続く。けれども、この日が復縁に向けての最初のゴングなのだ。オレは、そう信じたい。

第4章

新しい命と消えゆく命とともに

玉袋筋太郎、「じいじ」になる

仕事のこと、人間関係のこと、カミさんとのこと……。

50代に入って以降、まさに激動の日々を過ごしてきたわけだけど、そんなオレにとって最近の唯一にして、最大の楽しみは初孫と戯れることだ。

いや、「戯れる」といっても、相手はまだ言葉も話せない赤ん坊だから、こっちが一方的に孫の可愛い姿を見ながら酒を呑《の》んでいるだけ。でもさ、どんな酒を呑んでも旨《うま》くて、旨くてね。こんなに酒が進む最高の肴《さかな》もないよな。さきいかも塩辛もいらない。たまに孫の足でもペロッとやれば、それで十分ってもんだよ（笑）。

第3章で、オレのせがれはカミさんの連れ子だっていうことを書いたけれど、だからオレはいままで出産に立ち会ったこともないし、赤ん坊の面倒をろくに見たこともなかった。せがれを引き取ったときにはまだおむつをしていたはずだけど、それももう30年も前のことで詳細までは覚えていない。

そんなオレが、２０２２年の春、ついに「じいじ」になった。

当時はコロナの影響もあったから、生まれてすぐには対面できなかったのだけど、会うことができるようになったときは、自分でもびっくりするくらいに緊張した。

そして、いざご対面！　孫の姿をはじめて見たときには、不覚にも胸が詰まってなにもいえなくなっちまった。立派な赤ん坊を産んでくれたせがれのカミさんにも、オレをじいじにしてくれたせがれにも感謝の思いでいっぱいになった。

そして、生まれてきたばかりの赤ん坊に対して、「生まれてきてくれてありがとう」という思いで胸が苦しくなって涙が止まらなかったよ。

むかし、大泉逸郎の『孫』って歌が流行《はや》ったよな。

調べてみると、あの歌は1999年のヒット曲だから、オレが32歳のときの歌ってことだ。この曲は大泉さんのお孫さんのことを歌ったものらしいけれど、この歌詞が実にいい！　とにかく冒頭からたまらないよ。

なんでこんなに可愛いのかよ
孫という名の　宝もの

まさにそのとおり！　もちろん、オレにとっても孫は「宝もの」だよ。

この曲がヒットしていたとき、「ずいぶん不思議な歌が売れるもんだ」なんて、完全に他人事《ひとごと》として捉《とら》えていたのだけど、いまのオレからしたらこんな名曲はない。古今東西、これまで人類が感じてきた普遍的な幸せな気持ちを、シンプルに描写しているよ。

だから、歌詞の一つひとつがオレの胸に刺さりまくりで、気づけばヘビーローテーション。歌詞にあるのだけど、まさに「なんでこんなに可愛いのかよ」だね。いまのオレの心境にぴったりだ。

オレにとって『孫』は、心のベストテンの殿堂入りの曲になった。


これは20代、30代の鼻たれ小僧には理解できない心境だよ。**50代、あるいは60代になってはじめて理解できる人生の真実なのだと思う。**

読者のみなさんのなかにも、すでに孫が誕生してじいじやばあばになっている人もいるはずだけど、「孫が宝ものだ」ということについては、誰もが納得の意見だろう。

いままで、ホストクラブにハマってホストに大金を貢いじゃう女の子の心境なんて微塵《みじん》も理解できなかったのに、いまとなっては、「その気持ち、よ〜くわかるよ！」と肩でも組みたい気分だね。

孫にだったら、おもちゃでもお菓子でも、どんなものでも貢いじゃう。いや、貢がせてくれ！　命までくれてやる！　そんな気分でいる。


孫の可愛らしさも最高だけど、孫が生まれてからは、せがれがどんどんたくましくなっていく姿を見るのも幸せな気持ちになれる。

オレにしてみれば、つい最近まで風呂《ふろ》に一緒に入ってポコチンを洗ってあげたり、布団を敷いてプロレスごっこで遊んだりしていたのに、ふと気づけば一児の父になって、カミさんと赤ん坊を支える一家の大黒柱になっているんだもの。せがれ夫婦にはなかなか子どもができなくて不妊治療を続けていたことも耳にしていたから、なおさら「でかした、せがれよ！」という思いも強かった。

そして、子どもが生まれたことによって、せがれも父親となり、そのパートナーである義理の娘も母親となり、これから新しい時代を築いていくことになる。

柄にもなく、「こうやって人類は歴史を築いてきたのか」なんて壮大なことを、ついつい考えちゃったよな、オレも。

孫が生まれたことで、本当にいろいろなことを教わったよ。

初孫が誕生して思い出した戦争に行った「おじいちゃん」

オレ自身、母方のおじいちゃんには会ったことがない。

なぜなら、第二次世界大戦で召集されて、サイパンに出征したときに現地で死んでしまったからだ。

不思議なことに、初孫が生まれてからはいちども会ったことのない、このおじいちゃんのことがずっと頭から離れなくなった。いったい彼はどんな人だったのだろうって。

オレのおじいちゃんは、戦争のせいで美しく枯れていくことすらできなかった。

自らの意思とは別に、戦争によって若くしてその命を散らすこととなったからだ。いまオレが、「どうやって美しく枯れていこうか?」とこうして悩んでいられるのも、まったくもってあたりまえではない、とても幸せなことなんだよな。

オレには、「枯れることのできる幸せ」がある。

オレの母親はすでに認知症が進んで日常会話もままならない状態だから、いまさら、おじいちゃんのことを尋ねることはできない。母親が元気だったときに、もっといろいろ聞いておくべきだった。そうやって後悔しても、ときすでに遅しだよ。

おじいちゃんは、どんな思いで戦争に行ったのだろう？
自分の子を残して異国の地に旅立つのは、どんな気持ちだったのだろう？
もしも生き延びていたら、オレを可愛がってくれただろうか？

いまのオレの状況を考えると、きっとオレのことを溺愛《できあい》してくれたんじゃないのかな？
どんなじいじにとっても、孫は「宝もの」だからさ。
おじいちゃんも、オレのことを抱っこしたかったに違いない。だけど、その夢はかなわなかった。だから、オレはとことん孫を抱きしめようと思う。おじいちゃんがしたくてもできなかったことを、このオレが代わってやればいい。

こうしたこともまた、ご先祖様の供養になるはずだよ。

孫という新たな命が誕生したことで、かつてあった命にも思いを馳《は》せるようになった。

明治の終わりに生まれたおじいちゃんと、令和時代に生まれたたオレの孫。厳密にいえば血のつながりはないけれど、それでもやっぱりどこかで深くつながっていると感じる。そうでもない限り、会ったことのないおじいちゃんのことが、オレの頭に浮かんでくるはずがないもの。

あらためて初孫に、そして、彼を産んでくれたせがれ夫婦に感謝、感謝だよ。

そしてせがれにも、なんとしても「初孫を抱っこする喜び」を味わってもらいたい。そのときにオレがこの世にいるかどうかはだいぶ怪しいところだけど、たとえ天国からでも、あるいは地獄からでも、どこにいようとオレはその光景を絶対に見届けるつもりでいる。

これはあくまでもオレに起こったことだから、全世界的に、全人類的に見たらちっぽけなことかもしれないよ。でも、オレにはオレの「ファミリーヒストリー」があることを孫に教えてもらった。ＮＨＫで取り上げられるような壮大な物語でもなく、波乱万丈のストーリーでもないかもしれない。

でも、我が家には我が家の物語がある。

おじいちゃんがいたからオレの母親がいて、その母親がいたからオレがこの世にいる。そして、たとえ血がつながっていなくても、このオレがいたからせがれがいて、そのせがれが、可愛いくて可愛くて仕方ない孫という存在をオレに授けてくれた。

そんなあたりまえのことに、えらく感動する自分がいる。**50代以降というのは、「あたりまえのことに感動して、感謝できる」ようになるんじゃないのかな。**

もう絶対にかなわない夢だけど、やっぱり会いたかった。たくさん可愛がってもらいたかった――。

おじいちゃん、オレは元気に酒を呑んで、バカをやりながらなんとか生きているよ。

安心して眠ってくれよな。

孫の体調不良で知った「人に優しく」のヒント

ちょっと前に、孫に会うためにせがれ夫婦の家に行ったときのこと。会うたびに大きくなっていく姿に目を細めながら旨い酒を呑もうと意気込んでいたのだけど、その日の孫は、どうもいつもと様子が違う。

話を聞くと、朝から39度近い熱が出ているという。そのとき心から思ったよ、「できることならじいじであるオレが代わってあげたい」って。

体調も悪そうなので、あまり長居するのもよくないと思い、酒も呑まずにその日は早めに帰ろうとタクシーを呼んだ。

せがれ夫婦の家を出てタクシーを待っていると、義理の娘が泡食って飛んできた。

「お父さん、ちょっと様子が！」

急いで行くと、孫は口から泡を吹いて痙攣《けいれん》を起こしている。大慌てで「119番」に電話をかけたものの、まったくつながりゃしない。

仕方がないから、オレが呼んでいたタクシーに孫を乗せて、ひとまず近所のかかりつけの病院に連絡したのだけど、コロナもまだ完全に消えたわけじゃないし、インフルエンザも流行っていた時期だから病院はすごく混み合っている。

「すみません。診察までに3時間かかります」という無情な返事。

最近、救急隊の過剰出動が問題となっているけれど、救急車はいつでもどこでも、呼べばすぐに駆けつけてくれるわけじゃないことを痛感したよ。

こうなると、オレなんかは無力を感じるだけだった。ただただ、オロオロして落ち着かない。それでもその間ずっと119番に電話をかけ続けて、ようやく救急病院に搬送されることとなった。


幸いにして事なきを得て、その後はなにごともなかったかのように元気でいるのだけど、あのときは本当に焦った。緊急事態発生から病院に到着するまでは1時間ほどだったかな。

「もしも孫に万が一のことがあったら……」と生きた心地がしなかったよ。

そのとき、気づけばこんなことを考えているオレがいた。

(神様、オレはどうなってもいいから、この子を助けてください)

自分のことはどうなってもいいから、孫だけは無事でいてほしい。それがこのときの、素直な気持ちだった。

そのときのオレには邪心も邪念も、打算も思惑もなにもなかった。そこにあったのは、ただ人（孫）を思うピュアな気持ちだけ。

言葉にするなら、無私の愛だ。


少しだけ落ち着いて振り返ることができるようになって理解できたのは、そういう気持ちもまた、「美しく枯れていくこと」の一種ではないかってことだった。

圧倒的に純粋で無垢《むく》な存在を前にしたとき、人は心から優しくなれるのかもしれない。

そしてそれは、次代を生きる若者のために、人生の年長者ができる自然の気遣いであるようにも思う。

第3章で「人に優しく」というテーマで書いたけれど、大事な孫の存在が、人に優しくするためのヒントを教えてくれたような気がするんだ。人はいつまでも誰かからなにかを教わっていく生き物なんだ。そこに、ゴールはないんだよ。

老獪なベテランボクサーの距離感でせがれと孫に接する

「まだまだガキだ」と思っていたせがれの立派な姿を見ていて、こんなことを思った。せがれはもう、オレがコントロールできる存在じゃないんだなって。自分でいうのもなんだけどさ、オレとせがれはなかなかいい関係を築いてきたという自信は持っている。

小さい頃から、せがれなりにオレのことを尊敬してくれているのは伝わっていたし、オレももちろんせがれが大好きだったし、「親しき仲にも礼儀あり」じゃないけれど、ひとりの人間として、彼への敬意は忘れないように心がけていた。

でも、思春期が訪れれば誰にだって自我ってやつが芽生えてくる。それはいわば、大人になるための〝通過儀礼〟のようなものだから、当時は「こうしてオレの下から巣立っていくんだな」という覚悟を決めていたよ。

高校進学の際には、「どうしても馬術がやりたい」と、せがれははじめて自分の意思を主張した。それまでは、オレの考えを告げると、ほぼそのとおりに行動してきたせがれが「それでも馬術をやりたい」といってまったく譲らなかったんだよ。

そのときにも、「ついにオレの〝魔法〟も効かなくなってきたな」って悟った。ちょっとだけさみしいことではあったけれど、彼の成長を感じた嬉《うれ》しい瞬間でもあった。

そして今回、彼にも子どもが生まれたことで、せがれは完全にオレから巣立って、本当に自分の人生を歩みはじめた。

オレにはオレの人生があるように、せがれにはせがれの人生がある。

いくら子どもとはいえ、オレとせがれは別人格。寅さん流にいうならば、オレがイモを食ってもせがれのケツから屁《へ》は出ないってことだ。

50代半ばを過ぎたいま、これからオレがすべきことはせがれ一家の暮らしを優しく見守ってあげることだろう。その代わり、**オレは自分の人生をかけて、子どもと孫の終身応援団になる。**

誰がなんといっても、最後の最後まで味方でい続ける。

よく、「ある程度の年齢になったら、子離れすべきだ」っていうよな？

確かにそれは正しい意見だけど、やっぱりいくつになっても子どもが可愛くて仕方ないから、本当の意味での子離れはできない気もする。

じゃあ、どうすればいい？　自分なりに考えた結果、**老獪《ろうかい》なベテランボクサーの距離感で子どもと接しよう——そんな結論に至った。**

つまり、ときにはインファイトで懐深く入り込む。そしてあるときには、ある程度の距離を保ったアウトボクシングで接する。

インファイトとアウトボクシングを織り交ぜた試合巧者ぶりを発揮することで、すでに大人になったせがれと、そしてこれから猛スピードで成長していく孫と付き合っていくつもりでいるよ。

それこそ、人生の先輩ならではの大人の距離感だと思う。

もちろん、オレのように東京で生活している都会暮らしのケースと、地方に住んでいる家族のケースとでは事情が異なるだろう。

よく、「都会は核家族で、地方は大家族だ」なんていうけどさ、たとえ生活環境の違いはあったとしても、インファイトとアウトボクシングを状況に応じて使い分けることが、子どもや孫と接するうえでは大切だろう。

子どもの人生、孫の人生に深入りしない。でも、温かい愛情は忘れない——。

これからのオレは、そんなスタンスで人生を歩いていくつもりでいる。

マルチバンドレシーバーで「家族のSOS」を感受する

もう少し、「老獪なベテランボクサー」の話を続けたい。

子どもや孫への愛情は、どうしても過干渉になってしまいがちなので、**「あえて距離を置こう」と意識するくらいでちょうどいいのかもしれない。**

だけど、彼らが困難に直面したり、危険な状況に陥ったりしているときには、万難を排してオレはレスキュー隊となって駆けつけるつもりでいる。

さっきもチラッと書いたけどさ、せがれ夫婦はなかなか子どもに恵まれずに不妊治療を続けていた。カミさんを通じて、なんとなくそんな話は聞いていたのだけど、夫婦に関するデリケートな話題だから、オレからその件を口にすることはなかった。

でも、あるときせがれがその話題を口にした。

そこでオレは、「あまり深掘りし過ぎないように、考え過ぎないように」とアドバイスを送りつつも、少し詳しく状況を尋ねてみたんだ。すると、治療にかなりお金がかかっているという。

そうとなれば、話は早い。**オレの広帯域受信機・マルチバンドレシーバーがすぐに反応したよな。**主要なバンドデータはすでに登録済みだから、普段とは違うせがれの困難な状態を感受することなんて朝飯前だ。これまでずっとせがれのことを見守ってきたのだから、異変はすぐに察知できる。

オレ自身、別に裕福なわけじゃない。でも、治療費くらいなら工面することはできる。もしそれでも金が足りなければ、オレが老骨に鞭《むち》打って必死に働いて稼げばいい。金っていうのはさ、ただ生活するためとか老後のためとかじゃなくて、そういうときこそ稼がなくちゃならないんだよ。

若者より多少は融通が利く大人がサポートしてあげることが大切なんだ。

忘れちゃならないのは、せがれは決して、オレに無心するためにその話題を口にしたわけじゃないということ。せがれは責任感もある男だし、たまたま話の流れから治療費の話題になって、オレが少しだけサポートしたということだと思う。これもまた、親子の信頼関係だよな。

結果的に治療もうまくいき、無事に妊娠、出産となって、いまでは可愛い赤ん坊に恵まれることになった。

本当に、めでたしめでたしだよ。

いまオレは、それなりの年齢になって、せがれ夫婦と初孫のために**「いつも心にマルチバンドレシーバーを」という気持ちになった。**どうして、そんな思いになったのかといえば、これまでに「こっぴどく痛い思い」を経験してきたからだ。

ひとつは、前の章で触れたように「カミさんに逃げられてしまった」経験。そしてもうひとつは「自死する前の父親の異変に気づけなかった」経験。

カミさんのことは詳しく書いたから、ひたすら反省するしかない。父親のことは、前に出した本『粋な男たち』に書いたのだけど、未読の人のために簡単に説明する。

オレが35歳のとき、当時65歳だった親父はビルの屋上から飛び降りちまった。原因は姉の夫の借金問題で、姉夫婦が多額の借金の肩代わりを親父に求めたことだった。

実は亡くなる2日前、オレは軽い喘息《ぜんそく》で入院していた親父に会っている。そのとき、オレはこんなことを父親にいった記憶がある。

「いままでいろいろ大変だったと思うけれど、お楽しみはこれからだよ。オレがしっかり恩返しをするから」

このとき、父親がどんなリアクションをしたのかは、残念ながら覚えていない。そして、その2日後に親父はなにもいわずに自死という手段を選択してしまった。

まさか、病室での会話が最後のやり取りになるとは思ってもみなかった。

そしてオレは、自分で自分を責めたよ。あの日、ひょっとしたら親父はなんらかのSOSを発信していたのかもしれないのに、まったく気づくことができなかったからだ。悔やんでも悔やみきれない思いは永遠に続いているし、これはもうオレが死ぬまで変わらぬ思いだろう。

だからこそ、他人様はともかく、少なくとも自分の身内については、「どんな些細《ささい》な情報も見逃さないようにしよう」という気持ちが芽生えて、「いつも心にマルチバンドレシーバーを」という思いに至ったというわけ。

と、そんなカッコいいことをいいつつも……カミさんが発していた緊急事態アラートに気づけなかったのだから、説得力がないのは自分でもよくわかっている。

だけどさ、父親の自死で感じた、なんともいえないあの苦しい思いだけはもうなにがあっても味わいたくない。せめてせがれ夫婦と孫については、どんな微弱な電波でも絶対に感受できるようにしていたい。

金は、毒にも薬にもなるもの

嫌な思い出だからあまり記憶を戻したくはないのだけど、姉夫婦の話題になったから、少しだけこの一件にも触れておく。

あまりにも極端な事例なので、読者のみなさんのお役に立てるかどうかは自信がないけれど、**ときには仲のいい親族であっても、一歩間違えばバラバラになってしまうという一例として覚えておいて損はないと思う。**

若い頃、証券会社に勤めていた父親は金に関しては几帳面《きちょうめん》な人で、極度のメモ魔だった。それはもう、本当に細かく帳簿もつけていたよ。父親の死後、遺品整理をしていたときにメモが見つかって、多額の使途不明金があることが判明した。

最初こそ数万円程度だったものが、すぐに数十万円単位になっていく。一気に大きな額だったのではなく、無心が何度も繰り返されて、積もり積もって多額なものになっていたとメモから読みとることができた。

父親は生前、このオレにも何度か「金を貸してくれ」といってきたことがあった。理由を聞くと、「姉夫婦に援助するため」だというから、オレはきっぱりと断っていた。でも、それが本当に正しかったのかどうかは、いまでもオレにはわからない。

あのときの途方に暮れていた父親の顔は、いまでも忘れられないよな。

父親は優しい男だったから、金を援助し続けた。あたりまえだけど、少しずつ父親の貯えは減っていく。そして、いくら工面しようとも姉の旦那《だんな》からは繰り返し無心が続く。そうしたことが引き金となって、父親は屋上から飛び降りることを選択してしまった。

それを知って、猛烈に腹が立った。義理の兄貴をぶっ飛ばしたいと思ったし、それを黙認していた姉ちゃんも許せなかった。親父を殺したのは、間違いなく姉夫婦だ。

なんてことをしてくれたんだ——その許せない感情は、ずっと消えることがない。


そして、父親が自ら命を絶ったあと、姉夫婦たちは母親に金をせびるようになっていった。父親に続いて母親までも苦しめるわけにはいかないから、今度ばかりはオレも立ちはだかったよ。そりゃそうだよな、同じ過ちを犯すわけにはいかないのだから。

「ここで金を渡すことは、姉ちゃんのためにもならない」。いくらそういっても、母親は「だけど、困っているんだから助けてあげなくちゃ」といって、まったく譲る気配がない。

だからオレは、母親に土下座をして頼んだ。

「頼むから気づいてくれ。目を覚ましてくれ！」って。

その甲斐《かい》あってか、ようやく母親も気づくことができた。そして、姉夫婦とはそれ以来、完全に絶縁状態にある。

こんな残念な結果になっちまったけれど、むかしは本当に仲のいい家族だったんだよ。
でも、**ひとたび金が絡んでくると、たとえ「家族」といえども、あっけないほどたやすくその関係は壊れてしまう。**そんな話、ドラマや小説の世界では見聞きしていたけれど、まさか自分の身に降りかかるとはね。悲しいけれどそれが現実だし、ドラマや小説に描かれていることも、まんざらフィクションではなかったみたいだ。

オレからの忠告だけど、この件を他人事だと思わないほうがいい。考えたくないことかもしれないけれど、頭の片隅で「もしも、自分だったら……」と考えておくのも、無意味じゃないよ。

身内の恥だから、長いあいだこのことは伏せていたんだけど、前作『粋な男たち』を出版するときに、はじめてこのことを公にした。すると、意外なほど多くの反響があった。もちろんそのなかには、オレなんかよりも壮絶な経験をしている人もいた。

赤の他人の場合は「金の切れ目が縁の切れ目」なのかもしれないけれど、身内に関して

いえば「金の無心が縁の切れ目」なのかもしれない。

金ってのは、本当に怖いぜ。

金は、毒にも薬にもなるものだから――。

覚悟を決めて「母の最期を看取る」

父親が自死したのが2003年5月のこと。そこから5年が経過した2008年に、オレは母親と一緒に暮らすことを決心した。

当時、オレは40歳、母親は70歳だった。そして、それから十数年が経過した。母親はその間、徐々にもの覚えが悪くなっていき、80歳になる頃からボケていった。

オレはしばらく自宅介護を続けていたのだけど、それも難しくなり、2017年に母親に施設に入ってもらうことにした。

施設に送っていく道中はさ、姥《うば》捨て山に老親を捨てる映画『楢山節考《ならやまぶしこう》』（1983年作品）の緒形拳《おがたけん》の心境だった。しばらくのあいだは、良心の呵責《かしゃく》に苛《さいな》まれていたもの。きっと、親を施設に連れていくときは誰もが感じる気持ちだと思う。でも、家にいるときよりも確実に元気になっていく姿を見るのは嬉しかった。会話は相変わらず頓珍漢《とんちんかん》だけどさ、ときおりまともなことをいうからびっくりする。

「最初にあんたに置いていかれたときには、わたしは捨てられたんだって悲しくなったよ」なんていわれたこともあった。

そのときは、どん底に突き落とされたような気分だった。

そして、母親は続けた。

「……でも、置いてかれたわたしも悲しかったけれど、置いていったあんたのほうがわたしよりも悲しかったんだろうなって考え直したら、なんだか悲しくなくなっちゃったよ」

母親は母親で心に思うことがあったのだろう。少しだけホッとしたような、でもやっぱり悲しいような、なんともいえない複雑な心境だった。

子どもが50代ということは、親世代はもう80歳前後になる。

いくら高齢化社会で「人生100年時代」といってもさ、やっぱり80代を迎える頃には誰だってガタがくるし、いつどのタイミングで人生が終わるかもわからない。前の晩までは元気だったのに、朝起きたらポックリいっていたなんてことも珍しくないよな。そして、以前の若くて元気だった姿を記憶しているからこそ、**親がだんだん弱っていく姿を見るのは誰だって辛《つら》い。**

うちの母親の場合、80歳になる頃から軽い認知症の兆候が出始めた。

それからというもの、日々、いや分ごと、秒ごとになにかが抜け落ちていっている様子が、傍らで見ていても手に取るように伝わってくる。

孫の場合は、会うたびに「大きくなったなあ」とか、「もう、こんなこともできるようになったのか」といった驚きと感動ばかりだけど、母親の場合は、「こんなこともできなくなったのか……」と落ち込んでしまうことばかり。

ただ、そんな**好対照な孫と母親の姿は、「人間が生きること」「人間の命」というものを、あらためて教えてくれる存在だと思う。**母親が弱っていく姿を見るのはいつになっても慣れないけれど、こればかりは、いくら悲しくても慣れていくしかない。

そんな流れのなかで子どもができる唯一のことは、**覚悟を決めて見守ることなのかもしれない。いつ〝そのとき〟が訪れてもいいように、愛情深く、感謝の心を忘れずに「親の最期を看取る」という覚悟を決めるしかない。**

そして、**老いていく母親の姿をしっかりと見届けていくなかで、今度はオレ自身がどうやって老いていくか。どうやって死んでいくかということをじっくりと考える。**

それこそが、この本のテーマでもある「美しく枯れていく」ことに通じていくのだと思う。

父親は悲劇的な最期を迎え、母親は認知症のままいつかこの世にさよならをするだろう。最後の最後まで、子どもは親からなにかを学ぶ。人間はどうやって生き、どうやって死んでいくのか——そんなことを、オレは両親から学んでいる最中《さなか》にある。

せっかく親が最後まで子どもに教え続けているのだから、目を背けずに、しっかりと見届けるよ。

そして、オレが両親から学んだことは、せがれや孫にもきちんと伝えていくよ。

盟友・西村賢太の死

50代を過ぎた頃から、ぼんやりと「死」について考えるようになった。ただ、まだまだ心も身体も元気だから、死が猛烈にリアルな存在というわけではないけれど、30代の頃や40代の頃と比べると、あきらかに死の存在が身近なものになってきてはいる。

最初にそれを感じたのは、もちろん父親の自死だった。そして、次に母親が弱っていく姿からも痛切に死というものをイメージした。カミさんのお父さん、オレからすると義理の父親もすでに亡くなっている。義理の父親からはすごく可愛がってもらったから、とても悲しかったよ。

世の中にはたくさんの事件も起こるし、天災も起きる。それこそ、2011年の東日本大震災なんて、あまりにショッキングだった。一瞬にして、あれだけ多くの人が亡くなるなんて、誰が想像した？　自然災害の恐ろしさを、まざまざと見せつけられた。

そして、この年齢になると、友人や知人、仕事でお世話になった人たちが亡くなっていくケースも増えてくる。

2022年2月5日、作家・西村賢太《にしむらけんた》が亡くなった。

2011年、『苦役列車』で芥川《あくたがわ》賞を受賞した売れっ子だったけど、賢太先生とは同い年ということもあって、出会ったときからすっかりウマが合った。

知り合ったのは40代で、一緒に酒を呑むたびに賢太先生は「オレは50代で死ぬから」といっていたっけ。で、実際に亡くなったのが54歳だから、まさに有言実行ともいえる。一友人としては悲しい有言実行だけど、いかにも賢太先生らしかった。

賢太先生は、作者本人を思わせる「北町貫多《きたまちかんた》」を主人公にした小説を数多く発表していて、オレとしては「60代の貫多も読みたいし、70代の貫多も楽しみにしているファンが多いんだから、50代で死ぬのは無責任だよ」っていつも酒の席でいっていたんだよ。

彼はいつも、「そう思われているうちが華よ」ってはぐらかしていたね。

ただ、次第に賢太先生とは疎遠になっていった。

彼も本が売れて、そのうえあの破天荒な人間性だし話もおもしれぇからメディアから引っ張りだこになった。テレビにもよく出るようになっていた頃、酒の席でビールグラスを傾けながら賢太先生は、こんなことを口にした。

「テレビに出てこれだけのギャラをもらっちゃうとさ、もう小説を書くことが嫌になっちゃうよ」

おそらく、その言葉は半分本気で半分冗談だったと思うよ。でもよ、彼の本業は原稿用紙のマス目を埋めることだろ？　オレは実際の言葉にこそしなかったものの、内心では「もうさ、テレビなんかに出るのはやめて、新作に取り掛かったらどうだい？」って、そんなふうに思っちまったよ。

きっと、彼もオレの内心を敏感に察したのだろう。だって、とても繊細な人だったから。

それから、なんだかお互いに気まずくなっちゃって、一緒に呑む酒も不味《まず》くなってきて、なんとなく自然と離れていったんだ。でもオレは、賢太先生の友人でありファンでもあるから、新作が発表されるたびに作品はずっと読み続けていた。そして、そのたびに「やっぱり、賢太先生はすげぇな」ってほれぼれしたもんだよ。

いやさ、あれだけ破滅的な人間だから、賢太先生を担当した出版社の編集者も大変だったと思うぜ。

いちどさ、出版各社の担当編集者がオレの店「スナック玉ちゃん」に集まって、「西村賢太被害者の会」としてみんなで追悼集会をしたことがある。みんなが、それぞれ苦労したエピソードを披露するのだけど、あらためて「とんでもない人間だったな」って再認識したね……(苦笑)。

でも、それを含めて、比類なき作家であることも実感した。もちろん、一周忌の墓参りにも行かせてもらったよ。

生きているあいだに、むかしのように酒を一緒に呑めなかったのは無念でならないけれど、これからも彼の作品をオレは読み続けることだろう。作品を通じて、賢太先生を折に触れて思い出すことだろう。

あの偉大な男はこの世からいきなり消えちまったけれど、オレは死ぬまで忘れないよ。

人生とは、ウォータースライダーの順番待ち

肉親や知人の「死」を通じて、少しずつ死というものを経験しているけれど、なかなか耐性がつかないものでもある。人間ってのはさ、やっぱり怖がりだから、そう簡単には死に慣れることはないのだろう。

だけど、それじゃあ生きている者、残された者は辛《つら》過ぎるから、**「死」に対しては鈍感力を発揮するしかないとも考えている。**

そういえば、賢太先生が亡くなったときにふとこんなことを思ったよ。

人生とは、ウォータースライダーの順番待ちをしているようなものだな――。

プールの人気アトラクションで、バカでかいウォータースライダーがあるよな？　ガキの頃は身長制限もあるし、親からも「危ないからよしなさい」っていわれていたのだけど、少し自我が芽生えた頃に、「よし、オレもいっちょやってみるか」とウォータースライダ

ーの階段に並びはじめる。

でも、５階建てのウォータースライダーはまだまだ順番待ちの人でごった返している。「いつになったらオレの番がくるんだよ？」。そんなことを思いながら並んでいるうちに、少しずつ列は進んでいく。

辛抱強く並んで、一歩ずつ階段を上っていく。すると、いままで見えなかった地上の景色が少しずつ見えてくる。１階から２階へ、そして３階に進むと、さらに視界が開けてきて、遠くまで見渡せるようになる。それはまるで、年を重ねて経験を積んでいくうちに、考え方が深まったり、視野が広がったりするように。行列に並んでいるあいだにも、自分の成長を感じることもあるだろう。

なにせ大混雑だからまだまだ行列は続いているのだけど、それでも確実にてっぺんに近づいていく。それこそ人生っていうのは、そんな感じに少しずつ最後の大団円まで進んでいくものに思えてくる。

自分の寿命なんかわかるわけがないし、もしかしたら、明日にでもポックリ逝っちまうかもしれない。でも、たぶんいまのオレの年齢くらいだと、５階建てウォータースライダーの3階から4階に向かう踊り場辺りにいるような気がする。

歩を進めると、ますます見晴らしがよくなってきた。それなりにいろいろな人生経験を積んでいるからさ。一方で、「もうすぐ5階だな」っていう焦りも芽生えてくる。

なにがなんでも長生きしたいわけじゃないけれど、「そろそろゴールを意識した生き方をしなくちゃいけないのかな」という思いもある。

最近では、後ろに並んでいた年下の人間が、いきなりオレを追い抜いて気持ちよさそうにプールに向かって飛び込んでいくケースも増えてきた。

人によっては、本当に気持ちよさそうに勢いよく滑っていくこともあれば、「嫌だ、嫌だ！　怖いよ！」と泣き叫びながらジタバタあがいている人もいる。

オレも〝そのとき〟が訪れたらどういうリアクションを取るかわからないけれど、どうせなら、どこか達観した気持ちで快適にウォータースライダーを滑り降りたいものだよな。

もちろん、芸人の端くれとして、笑いのひとつやふたつ取っておきたい。

50代というのは、起承転結でいうところの「転」に差しかかる時期なのだろう。

これまで地道に努力して頑張ってきた人は、災い転じて福となすじゃないけれど、

「転」の時期になって、実りの秋を迎えて充実したときを過ごすことになる。

あるいは、このオレのように自分なりに懸命に生きてきたつもりだったのに、「転」を迎えたことで、仕事もプライベートも激変して、戸惑ってしまうこともあるだろう。

いずれにしても、人生という名のウォータースライダーは「転」を迎え、オレが滑り降りる番も近づいてきたことは間違いない。いろいろあったけどさ、オレとしては「細工は流々、仕上げを御覧《ごろう》じろ」の気分だよ。

後悔のないように、恥ずかしくないように精一杯生きて〝そのとき〟を迎えたい。

順番がきたら、壮大な水しぶきをあげながらド派手に水面に飛び込んでみせるよ！

この世は地獄ではない。看守の目が緩やかな刑務所だ

生きていると、大変なことがたくさん起こる。

「いっそ、死んだほうが楽じゃないのか？」と考えて――肯定こそしたくないものの、自

ら命を絶つ人がいるのも理解できないわけじゃない。オレの父親のように、誰にもその苦しみをいえずに、悲しい選択をする人はあとを絶たない。

宗教的な見地に立つわけじゃないけれど、多くの人がいうように、ひょっとしたらこの世ってのは天国に行くための修行期間なのかもしれないよ。

でも、**人生というのはそこまで厳しくハードなものでもないとオレは思う。**

だってさ、考えてもみなよ？　タバコは吸えるし、居酒屋でも家でも旨い酒が呑める。キャバクラにも行けるし、競輪場にも行ける。センズリだってコケるし、風俗もある。法律に抵触したり、まわりに迷惑をかけたりすることじゃない限り、羽目を外して遊ぶことが許されている。

あらためて考えるまでもなく、**「この世は地獄だ」と落胆するほど、辛いことばかりじゃない。**「生きていてよかったな」って感じる瞬間は、誰にだってあるじゃない。

そう考えると、**この世ってのは、「地獄」というほど厳格で辛いものじゃなくて、看守の目が緩やかな刑務所のようなものなのかもしれない。**

だけど、いくら緩やかな刑務所であっても、「やっぱりオレにここは無理だ。耐えられない」と〝脱獄〟していく人間もたくさんいる。うちの父親のように、自ら死を選ぶというのはこの刑務所からの脱獄を意味しているように思えてくる。

若い頃から、「オレは50代で死ぬんだ」と公言して、バカみたいにタバコを吸って、浴びるように酒を呑んで早死にしてしまった西村賢太もまた、ある意味ではこの刑務所からの脱獄を図ったひとりかもしれない。

でもさ、オレはいくら辛くてもここから脱獄するつもりはない。いま現在が最高に楽しいというわけじゃないけれど、**〝脱獄〟することによって、残された者が辛い思いをすることを嫌というほど理解しているからだ。**

脱獄者が出れば、当然、それ以降は看守の目が厳しくなる。つまり残された者は、いままで許されていた自由をしばらくは剝奪《はくだつ》されることになる。厳しい言い方になるかもしれないけれど、自ら死を選ぶ人は自分の意思でそれを選択したのだから、少なくとも自分で自分に納得できるのだろう。でもさ、オレはいいたいよ。

残された側はどうなるんだよ？

まったく心の準備もできていないのに勝手にいなくなってしまって、その後の人生をずっと「もっとオレにもなにかできたんじゃないか？」って、自分で自分を責める日々がはじまるんだぜ。

当人は「人生刑務所」からの脱獄に成功したのかもしれないよ？　でも、刑務所のなかで懸命にあがいている残された〝模範囚〟たちは、看守の目を気にしながら生きていくしかないんだ。

それはさ、大切な人を失ってしまった、残された者の辛さだよな。

カミさんやせがれ夫婦、そして孫。あるいは数は少ないかもしれないけれど、オレのファンの人たち、信頼し合えている仕事仲間のことを考えたら、オレはオレの人生を最後まで全力で生きたい。

だってそうだろ？　誰だって好きな人を悲しませたくはないよな？

「オレはなんのためにこの世に生まれてきたのかな？」なんて、年齢とともに考える機会も増えてきた。

もちろんオレは修行僧なんかじゃないから、明確な答えはいつまで経っても出ない。でも、なんとなく感じているのは、ベタな言い方で申し訳ないのだけど、「人を喜ばせるために生まれてきたのかな?」ってこと。

オレの姿を見て、**「あんなバカでも楽しそうに生きているんだから、オレだってもう少し生きてみようか」って思ってほしい。**

「偉くなりたい」とか「金持ちになりたい」なんて思いはサラサラないよ。少なくとも、そのために生まれてきたわけじゃないのはわかっている。

天命とか使命とか、そんな大袈裟《おおげさ》な言い方でもない。オレは、目の前で笑ってくれる人のために、自分のできることを精一杯やりたいだけなのだと思う。

だってオレは、芸人という生き方を選んだのだから。

すでに何度もいってきたように、自分の身の丈を知って、町中華を食べて、スナックで呑んでカラオケして、その姿を多くの人に見てもらいながら、これからも脱獄せずにオレらしく生きていくつもりだよ。

町中華を喉に詰まらせて逝きたい

この年齢になると、誰だって身体のあちこちにガタがくる。もちろん、このオレもご多分に漏れずにいろいろなトラブルを抱えている。

50歳から患っているリウマチは毎朝6錠の薬でどうにか抑えている感じだし、はじめての内視鏡検査ではポリープも見つかった。それなのに、酒は呑むし、タバコは吸うし、ロクなもんじゃないよな、まったく。

それこそ、賢太先生の悪口なんて偉そうにいえる身分じゃないよ。

身体にガタがくるようになって、若い頃のような無理が利かなくなってくると、どうしても、「自分はどうやって死ぬのだろうか?」なんてことが頭をよぎるよな。

よく聞くフレーズだけど、「昨日まで元気だったのに……」といわれながら苦しまずに死んでいく「ピンピンコロリ」が幸せな死に方なのだろう。だけど、みんながみんなそうやって死ねるとは限らない。だから、「死」は難しい。

だいぶ前に、鳶《とび》の頭《かしら》を務めている人から聞いた話なのだけど、「それは最高な死に方だな」って思ったエピソードがある。

それは、頭の友人のことで、あるときその友人は真冬の露天風呂に入ろうとしたんだって。猛吹雪のなかで全裸になって、いざ風呂に入ろうとした瞬間に心臓麻痺《まひ》を起こしてしまったらしいのだけど、猛烈に寒いときって、なぜだか男は無意識にポコチンをギュッと握りしめるよな？

その人もやっぱりそうで、遺体が見つかったときには全裸で股間《こかん》を押さえたままの状態で発見されたんだってさ。

人の死を笑うのは不謹慎だけど、その話はどうしても笑っちゃうよな。同時に、「最高の死に方だな」って思ったよね。

で、いざ自分の身に置き換えて考えてみると、**オレもみんなから「アイツは最後までバカだったなあ」っていわれながら死にたい。**よく芸人が、「舞台の上で死にたい」っていうけれど、いまのオレは浅草キッドとして舞台に立つことはできないから、現実的には舞台上で死ぬことはできないだろう。

そうなると、もっとも理想的なのは**『町中華で飲ろうぜ』**の口ケ中に、**肉団子かなんかを喉《のど》に詰まらせて、そのままポックリというのがいいのかもしれない。**

葬式では、「ガッついて食べるからだよ」とか、「アイツは死んでも箸《はし》を離さなかったらしいぞ！」とかいわれながら死んでいくのも、どこかオレらしい気がする。

年を重ねるにつれ、自分の身のまわりでは新しい生命が誕生し、一方では、大切な人が次々と現世を去っていく。

同時に、自分自身の「死」も身近に迫ってくる。

死に対しての耐性は簡単にはつかないけれど、それでもずっとずっと太古のむかしから、人間は死とともに生きてきた。

受け入れるとか、受け入れられないとか、そんな問題じゃないのかもしれない。あまり死にとらわれながら生きるのもよくないのだろうけれど、そうかといって、死を完全に無視して生きることもできない。

だったら、**「死」とともに生きていくことを、これからのオレは意識したいと思う。**

この章では、柄にもなく真剣に「生きること、死ぬこと」を語っちゃったんだけどさ、それが50代から60代に向かっている最中にある、いまのオレの偽らざる心境なわけだ。

第5章

「人生」のこと、考えてみよっか

銭湯で見た「じいさんのキンタマ袋」は縄文杉だった

むかしから銭湯が好きで暇をみては熱い風呂《ふろ》に浸《つ》かりにいくのだけど、ある日、脱衣所の鏡に映る自分を見て愕然《がくぜん》とした。

腹はポコッと出ているのに、脚の筋肉が削《そ》ぎ落とされたように痩《や》せ細ってガリガリでさ、おまけに尻《しり》はだらしなく垂れ下がって、見るも無残なオジサン体型、いや、おじいさんのような身体つきだったからだ。

毎日、好き勝手に酒ばかり呑《の》んで、ラードにまみれた町中華を食べていればだらしない体型になるのも当然のことだよな。決してさ、「若い」とはいわないまでも、自分では「年相応だろう」と思っていたのに、鏡のなかのオレはすでに老境に入っていた。

（あぁ、これが現実か……）

そんなことを思いながら湯船に浸かっていると、ちょうどそのタイミングで「ちょいとゴメンよ」といって、80歳くらいのじいさんがよろよろとした足取りで浴槽を跨《また》いで風呂に入ってきた。

その瞬間、オレの目の前のだいぶ至近距離で、そのじいさんのキンタマ袋がブラブラといい具合に揺れたよ。ガキの頃、「たんたんタヌキのキンタマは〜、風もないのにブ〜ラブラ〜」なんてよく歌っていたけれど、まさにそんな感じでキンタマ袋はブラブラとだらしなくぶら下がっていた。

それを見て、オレは感動したね。理由はよくわからない。でも、「なんだかいいなぁ、じいさんのキンタマ袋は！」って。

無意識のうちにオレは、**じいさんのキンタマ袋と、屋久島《やくしま》の縄文杉を重ね合わせていた。**厳しく長い風雪に耐えて、ようやく完成したいま現在の姿。それが、あのじいさんのキンタマ袋であり、屋久島の縄文杉だと思えた。キンタマ袋のシワの一つひとつと、縄文杉の年輪の一本一本が完全に一致したよな。

肩肘《かたひじ》張った力みなんてまるでない、完全なる自然体——。それは、実に神々しく、味のある佇《たたず》まいだったし、これこそ「美しい枯れ方」の手本だとひとりで唸《うな》るしかなかった。

そう気づいてからは、このだらしなく垂れ下がった尻も、痩せ細った脚も、「すべてがオレの一部だ」って愛《いと》おしくなった。若い頃のようなハリもツヤもない、でも、だからどうした？　**だって、オレは自分なりに右往左往しながらここまで歩いてきた、れっきとした50代のオヤジなんだから。**

いまのオレのキンタマ袋には、あのじいさんのような味わい深さはない。つまり、それが意味するのは、人生の修行が足りないってことだろう。いつか、あんな味わいのあるキンタマ袋を手に入れたいものだよな。

そりゃそうだよ、だってオレの名前は「玉袋筋太郎」だよ？　キンタマをブラブラ揺らして、筋だって一本一本しっかり刻んでいきたい。そしていつの日か、銭湯にきている若造に、すごい〝完成形〟を見せつけてやりたい。

いやいや、これはふざけているわけじゃないよ。大真面目にオレはそう考えている。

みなさんも、素っ裸になって自分の姿を鏡に映してみなよ。若い頃とはほど遠い、疲れた中年の姿がそこにあるはずだから。けどさ、そんな自分を心から愛せるようになったとき、その瞬間から「美しく枯れていく」ということがはじまっていくんだ。

50代からの人生は「身勝手に生きない」

あちこち脱線しながらも「美しい枯れ方」についてオレなりに深掘りしてきたわけだけど、そもそもオレ自身が迷ったり、つまずいたり、試行錯誤したりを繰り返している。毎日をどうにかこうにか生きているのだから、そう簡単に真の正解は見つからない。

だけど、50代を迎えてすでに5年以上が経過して、いまでは「アラフィフ」というよりも「アラ還」として、いよいよ還暦という大台も視野に入ってきた。明確な答えこそないものの、「これからはこうして生きていこう」と考えていることはある。

この章では、じいさんのキンタマ袋のように美しく枯れるために、現在のオレが考えていることをツラツラと述べていくよ。「オレも、そう思うよ」と頷《うなず》いてくれることもあれば、「それは違うよ、玉さん」となることがあるかもしれない。

そんなこんなで、ひとまずはオレの考えを書いていこう。

中高年向けの自己啓発本には、しばしば「50代からは自分勝手に生きてみよう」と書かれている。「会社でも家庭でもさんざん我慢して生きてきたのだから、そろそろ自分に素直になって好き勝手に生きてもいいのでは？」という意味だよな。

でも、その考えに賛成できないオレがいる。

第3章では、オレ自身の話として「玉袋筋太郎という名前に縛られずに、もう少し身勝手に、好き勝手に生きてもいい」と書いたよな。でもそれは、あくまでも芸名にまつわる話であって、ひとりの人間としての話じゃない。

芸人としては、自分の身の丈に合った「いまのオレだからできる笑い」を追い求めていきたいから、いままでよりも身勝手に自分勝手に生きていくつもりでいる。そして、家庭ではもちろん「カミさんファースト」の精神を忘れずにいたい。

だけど、**「ひとりの50代の男」としては、「身勝手に生きない」ということを目標にしたい。**

それこそさ、昭和の時代には、「偏屈ジジイ」とか、「頑固親父」がたくさんいて、煙たい存在ではあったけれど、それはそれでためになることもあったし、懐かしい思い出もたくさんある。

だけどいま現在、いわゆる**「老害」と呼ばれるおっさんたちを見ていると、あまりにも身勝手過ぎて「ああはなりたくねぇ」と感じることが多いよな。**

そこでオレも考えたよ。「これからは、身勝手に生きるべきか、それともおとなしく謙虚に生きるべきか？」って。

そこでようやく、**「芸人としてはもう少し身勝手に、一社会人としては謙虚に」という結論を得た。**

オレ自身の半生を振り返ってみると、**40代までは好き勝手に生きてきた。**博士と一緒に「これがお笑いなんだ！」という根拠のないプライドを持って、浅草キッドの漫才をひたすら追求してきた。

「漫才で天下を獲《と》ったぜ」と胸を張っていえるわけでもないし、「別にそんなに売れなくてもいいよ」という開き直りがどこかにあったともいえる。それでも、「自分たちの目指しているものに間違いはない」という、そんな揺るぎない自信だけは持っていた。

かつての自分を否定することはしないよ。だけど、**「もう少し柔軟性があってもよかったのかな？」と反省することがある。「もっと人の意見に耳を傾けてもよかったのかもしれないな」ってね。**

そうしていれば、いまとは違う現実が訪れていたかもしれない。そんなことをいってもはじまらないよな。

還暦もはっきりと視界に入ってきた年齢だからさ、年を重ねていく過程で、どんどん偏屈になったり、傲慢《ごうまん》になったりしたら、「これからはますます孤立していくんじゃないのかな」っていう恐れはあるよ、正直さ。

孤独は怖くないけれど、孤立はよくない——。

仕事でもプライベートでも、孤高の人であることはカッコいいし憧《あこが》れるよな？　でも、孤立してしまった人間は、本当にさみしい存在になっちまう。だからやっぱり、身勝手に生きて孤立しちゃダメなんだよ。

これはオレの元々の性格もあるのだけど、**なにも制約がないなかで好き勝手にふるまうような人間をオレは信用しないようにしている。**

日本国憲法の「権利と義務」の話じゃないけど、しっかり税金を納めて、それではじめて自分の権利を訴えたり、行使したりできるものだよな？　それはもう人生そのままの話で、**常になんらかのテンションをかけていないと、単なる野放図で真の意味での身勝手野**

郎になりかねない。

自由だけを味わって、なんの苦労も我慢もしないというのは、オレからするとどうしてもズルをしている感覚になってしまう。それにさ、自分で自分にある程度の負荷をかけることで、いざ目標を達成したときに、その喜びは何倍にもなって返ってくる。

めちゃくちゃ空腹のときにはなにを食べても美味《おい》しいし、サウナに入って喉《のど》がカラカラの状態で呑むビールは普段の何倍も美味しく感じられる。それだけじゃなく、何日も禁欲生活をしてからのセンズリの気持ちよさったらないよな！（笑）。

たとえが下品で申し訳ないけれど、要はそういうこと。

ある程度は分別がつく年齢になったからこそ、ここはあえて「身勝手に生きない」という道を選択したい。

「武士は食わねど高楊枝」じゃないけどさ、若い頃とは違って、あえて本能のままに生きないことでその喜びを倍増させる。それこそ、美しく枯れていくことを目指しているオレたちには大切なことだと思うんだ。

孤独から生まれるさみしさは、自分の影

「孤独」と「孤立」の話をしたけれど、50代以降の人たちにとって大切なのは「孤独力」じゃないかな？

第3章でカミさんに逃げられたことを話したよね。いまのオレは家に帰るたびにさみしくて、さみしくてたまらない独居房のような日々を過ごしている。もちろん、自業自得だとはわかっているよ。でも、なんとかしてまたカミさんと一緒に暮らしたいし、1日でも早くこんな生活とはおさらばしたいと願っている。

けれども同時に、**「これからは孤独とともに歩む覚悟も必要なのかな？」**という思いも抱いている。**孤独から生まれるさみしさというのは、ある意味では自分の影のようなものだよな。**どこに行くにも後ろからついてくる。

もしもその影を消そうとするなら、暗闇のなかに入るしかない。

そうはいっても、闇夜のなかに自ら飛び込んでいくのはとても勇気がいることだから、誰だって避けたい。でも、覚悟を決めて「エイッ」って一歩闇のなかに踏み出してみれば、実はそんなに不快なところでも、怖いところでもないのかもしれない。

暗闇のなかに行ってみれば、自分自身と向き合うきっかけを得ることにもなるし、誰にも邪魔されずに自分の好きなことに没頭することもできるかもしれない。

まさしく、**アントニオ猪木流にいえば、「迷わず行けよ、行けばわかるさ」だよな。**

オレの場合でいえば、カミさんに逃げられてからはひとりで過ごす時間が格段に増えた。その時間を使って、いつでも自由に本を読んだり、むかしのビデオやDVDを観たりする時間ができたよね。

同時に、ひとりでじっくりと考える時間もできた。気づけばふと、これまでのこと、これからのことを考えている自分がいる。だけどそれは、決して無意味な時間ではない。最初の頃こそ、「さみしさを紛らわすために」という感じだったのだけど、いまでは「こういう時間もこれからは大切だよな」と心から思えるようになった。

これくらいの年齢になると、ふたつの考え方があると思う。

ひとつは、**「いつまでも好奇心を失うことなく、貪欲《どんよく》に新しいことをはじめよう」**という考え方。そしてもうひとつは、**「無理して新しいことをはじめるのではなく、いままで**

「慣れ親しんだものを深めていこう」という考え方。

その人のタイプにあったほうを選べばいいのだから、どちらが正解で、どちらが間違いだということではない。オレの場合は、第2章にも書いたように後者のタイプで、最近では積極的にむかし読んだ小説を読んだり、映画を観たりするようにしている。亡くなった西村賢太の小説も、これからは折に触れて読み返すことになるだろう。

アントニオ猪木の試合なんか、これからは擦り切れるほど見返すことになるよ。「燃える闘魂」は永久に不滅だし、猪木イズムは永遠だからさ。

そう考えると、年を重ねることが怖くなくなるし、不安もなくなってくる。「老後」というにはまだまだ早いかもしれないけれど、これからの人生がますます楽しくなってくる気がしてこないかい？

自分の価値観を大切にしよう

若い頃は、世間体を気にしたり、異性の目を意識したり、なにかと「他人」というものに縛られて生きてきた気がする。だけど、**50代にもなると、そろそろ他者を意識することなく、自分の価値観に基づいて生きるほうがいいように思えてくる。**

いまはインターネット全盛で、スマホがあればたいていのことができるようになった。だけどそれによって、自分の価値観が揺らぐことがあるんじゃないかな？

例えばそれは、「ヤフコメ」だよ。

ポータルサイトのヤフーには各種ニュースに対して、誰でもコメントを残すことができる。そこには「共感した」とか「うーん」といったボタンもついていて、それを見ると、「なるほど、世の中の人はこんなことを考えているのか」とか、「こんなことに怒っているのか」と、いわゆる「世論」を知ることができる。

あるいは、「食べログ」や「ぐるなび」といったグルメサイトがある。

そのサイトを見れば、おすすめの店が一目瞭然《りょうぜん》で、不味《まず》い店や態度の悪い店員がいる店を事前に回避することができる。そこだけを見れば、確かに便利なサイトだよな。

だけどさ、**「世論」を意識し過ぎたり、事前に危機回避できる便利さに慣れきってしまったりするのは、必ずしもいいことばかりではない気がする。**

世の中の風潮やおすすめの店を知ることは悪いことではないよ。だけど、「はい、わかりました、僕もそうします」って、なにからなにまで右へ倣えである必要はない。

たとえ世間の考え方とは違っても、自分には自分の善悪があるし、自分の価値観があるし、好みだってある。それこそ、「ぐるなび」の評価が低くても、自分にとっては「美味しいな」って店もあるよな。

第三者の意見に左右されることなく、もっと自分の価値観を大切にしてもいい。

そこで大切になってくるのが、**自分の価値観を大切にしつつも、さっきもいった「身勝手に生きない」ということだよな。**

またプロレスの話になるけどさ、みなさんもご存知のように、オレはアントニオ猪木が大好きだ。まだガキだった1970年代、1980年代のプロレスには本気で夢中になった。それ以降、大人になったいまでもプロレスが大好きだ。

だけど、正直にいえば、いまのプロレスにかつてのようには熱狂できないオレがいる。オカダ・カズチカや棚橋弘至《たなはしひろし》といったトップレスラーは実力もあるし、ものすごい華も持っている。昭和のレスラーと比べて遜色《そんしょく》がないどころか、むかしのレスラーよりもずっと高度な技を使っている。
だけど、どうしても夢中になれない。いまの試合を見るよりも、ついついむかしの試合ばかり見てしまう。それを、「年寄りの懐古趣味だ」と笑われるのなら、それも仕方のないことだと反論はしないよ。

でもさ、猪木のプロレスには雑味があった。苦みがあった。そして、師匠である力道山《りきどうざん》がつくった日本プロレスを飛び出してというか、追い出されるようなかたちになり、自ら「新日本プロレス」を一から立ち上げた「社長レスラー」という逞《たくま》しさがあった。
旬のサンマは美味しいけれど、オレは身だけではなくて苦みのあるワタも好きなんだよ。プロレスに限らず、いまの世の中は内臓も骨もきれいに取り除いた魚ばかりだ。食べやすいし、美味しいのは確かだけど、多少骨があって食べづらくても、内臓が苦かったとしても、そうした雑味はなんともいえないクセがあっていいよな。

きっと、若い頃のみずみずしい感性が、もはやいまのオレにはないのかもしれない。でも、**ものごとというのは出会うべきタイミングで出会うものだと思っている。**オレにとっての夢中になれるプロレスは、きっと自分が10代の頃のプロレスだったのだろう。

多感だった10代の頃と、いろいろな経験をした50代とではものの見方、感じ方が違うのはあたりまえなんだよ。

単なる過去志向の、「むかしはよかったオヤジ」であることは重々承知しているよ。だけど、「それでいいじゃん？　なにか問題でもある？」って開き直っているよ（笑）。

がっつくな、よだれをたらせ！

「老後」というものが見えてくる年齢になると、人生のゴールや自分に与えられた時間というものを否応《いやおう》なしに考えるようになる。

そうなると、「死ぬときに後悔しないように」という考えから、「やりたいことはなんでもやってみる」とか「いますぐやろう」という考えになるよね。

だけど、そうした考えに対してオレは「ちょっと、待った！」といいたい。

「やりたいことはなんでもやってみる」というのは、どこか卑しいというか、あさましい行為に思えるから。やっぱりさ、**ものごとにはなんでもタメが必要だと思う。**

この章の冒頭にも書いたけれど、「やりたいことはなんでもやってみる」というのは、「身勝手に生きる」と同じようなものに感じるんだよ。

残された時間は少ないのだから、「会いたい人にはすぐに会いに行く」というのもひとつの考えだよな。もしも、どちらかに不測の事態が訪れて、「あのときに会っておけばよかった」と後悔するならば、後先考えずに会いに行くのも悪いことではない。

でもその反対に、「会いたいけれど、いまはその時期じゃないな」とか、「もう少し経ってからでもいいのかな?」とあえてそのタイミングで会わないという考え方も、オレは否定したくないし、好きな考え方だよ。いや、むしろ大切にしたい。それが、タメってやつだからね。

タメがある人生って、いざそれが実現したときには喜びが何倍にも、何十倍にもなる。

たとえるならば、ご馳走《ちそう》を前にした犬が、飼い主から「お預け」を食らってよだれをダラダラたらしながら我慢をしているような状態だよな。そしていざ、「よし!」といわれてから食べるメシはとんでもなく美味しいことだろう。

つまり、オレがいいたいのは**「がっつくな、よだれをたらせ！」**ってこと。

いまは「会いたい人に会うかどうか？」を例に挙げたけれど、相方である水道橋博士、師匠である殿、そして家を出ていったカミさんとは、以前のように頻繁に会える関係ではなくなってしまった。そこでもし誰かに、「いますぐ会わせてやる」といわれても、オレは「その気持ちはありがたいけどさ、〝いますぐ〟じゃなくていいよ」って答えるだろう。

なんというか、機が熟してからじゃないとその喜びは薄いもので終わってしまうような気がしてならないんだ。だからこそ、タメたい。

これもまた、やせ我慢の一種だよな。だけど、やせ我慢が必要なときはあるし、オレはそんな不器用な生き方しかできないんだ。

あえてゴールは意識しない

仕事でいえば、サラリーマンには「定年」という明確なゴールがある。オレみたいな芸人の場合は、人気があるかどうか、仕事があるかどうかはともかく、自分から「引退する」といわない限りは、まったく仕事がなくても、アルバイトで生計を立てていようとも、いつまでも芸人でい続けることができる。

一方、人生においては、サラリーマンも芸人も関係なく、誰にだって「死」というゴールがやってくる。だからこそ、「常にゴールを意識して行動しろ」という考えが一般的なのも、よく理解している。

だけど**オレの場合は、「あえてゴールは意識しない」という考えを持っている。**

これまた、だいぶ下世話な話になるけど勘弁してくれ。

「70分1万8000円のソープ」と「180分10万円のソープ」とでは、プレイに臨む心境も変わってくるよな？　180分、つまり3時間もあれば、余裕を持ってあんなことやこんなことを楽しむことができる。言い換えれば、実際は180分というゴールそのものはあるにせよ、一旦《いったん》、頭のなかからはゴールを消し去ることができる。でも、「70分しかない……」となった場合はまったく気持ちが変わってきてしまう。「とりあえず早めに済ませなくちゃ……」と、ゴールを見据えて、慌ただしいプレイになることは目に見えている。

そうなると、ただヤルだけ、射精するだけ。そこには、情緒もなにもあったもんじゃない。いくら風俗だとはいえ、男と女が肌と肌とを合わせる関係になるのだから、そこにはある程度の人情の機微というのか、多少なりとも心の通ったプレイをしたいものだよな。10代のガキじゃないんだからさ、がっつくようなまねはしたくない。

20分でことを済まさなければいけない「ちょんの間」ならなおさらだよ！　そんなので、本当に楽しいのかよ！　で、オレはいったいなにに熱くなっているんだよ……（笑）。

繰り返しになるけれど、「時間」というゴールがあるという点においては、「20分」でも、「70分」でも「180分」でも、大差はないのかもしれない。でも、**「ゴールを明確に意識すること」で、それだけで気忙《きぜわ》しくなるし、落ち着いてものごとに取り組むことができなくなってしまう。**

だってさ、ちょんの間のような人生より、店が終わったあとに店外デートに誘って、そのまま食事に行ったり、泊まったりするような関係に持ち込めるかどうか。延長戦やアディショナルタイムに持ち込んで、男と女の駆け引きがあるようなハラハラする楽しみがあったほうがいいに決まってるよな。

人生のボーナストラックってのは、自分でつくり出すものなんだ。ゴールを意識しないことで、人生という名のゲームはまだまだ続くんだぜ。ゴールなんて気にせずに、いつだって「お楽しみはこれからだ！」のスピリットを忘れたくないものだよな。

いまの時代、とにかく「タイパ」に追われ過ぎているよ。「どうしてそんなに焦っているんだよ？」ってくらい、時間に急《せ》き立てられているように見える。

だけど、**オレはロング・スロー・ディスタンス、略して「LSD」で生きていくよ。**これは、合法「LSD」だ。要するに、自分のペースで長い距離をゆっくり走るということ。そのほうが、〝違法薬物〟よりもずっと気持ちよく快適な人生が送れるはずだからね。50代になってまで、バタバタ生きていく必要はないじゃない。

高望みせず、身の丈に合った生き方で歩いていく

医学の進歩は著しい。

きちんと検査をして早期発見ができれば、多くの病気は治る時代だ。昭和のはじめくらいの時代は「人生50年」なんていわれていたのに、いまでは「人生100年時代」に突入し、それにともなって、誰もが「いつまでも若くありたい」と必死になってアンチエイジングに励んでいる。

でも、前作の『粋な男たち』にも書いたのだけど、オレはそんな風潮に対してははっきりと「ノー」といいたい。

なんでもかんでも、「若さがすべて」「若ければ若いほどいい」という風潮が強過ぎやしないか？　猫も杓子《しゃくし》も「アンチエイジング病」に罹患《りかん》しているように見える。だけど、年を重ねれば肌の張りは失われるし、しわやシミができるのは当然のことだよ。

年を重ねるのは、そんなに恥ずかしいことかな？

そんなことないよな。年齢を重ねた者にしか持ちえない味わいは、若者にはない大人ならではの魅力であり、武器になる。

まさに、銭湯で遭遇したじいさんのキンタマ袋がその象徴ともいえるものだよ。

口説くとか口説かないとか、好きとか嫌いとかいった話ではなく、オレ自身、女性に関するストライクゾーンはかなり広いほうだと思っている。ロリコン趣味はないから、せめて下は35歳から上は上限なく、女性にはそれぞれ年齢に応じた魅力がある。

それはさ、男だって同様だよ。みんながみんなアイドルグループや韓流《ハンリュウ》スターのようなイケメンばかりじゃないし、**若さだけが男の魅力じゃないのは当然のことだよ。**

むかし、東映には大部屋俳優たちを中心に結成された「ピラニア軍団」と呼ばれる集団があった。主役を張ることのない脇役たちばかりだったけれど、川谷拓三《かわたにたくぞう》、志賀勝《しがまさる》、室田《むろた》日出男《ひでお》に小林稔侍《こばやしねんじ》……ああいう、「いぶし銀」たちのカッコよさを忘れちゃいけないよ。

だから、下手に若作りに必死になっているやつを見るとこっちが恥ずかしくなる。

それだけじゃなく、金持ち自慢をしたり、「仕事のできる男」をことさらアピールしたりしているようなやつを見ていると、「あぁ、頑張り過ぎちゃってるな」「アイツ、やらかしちゃってるよ」って恥ずかしくなってくる。

人ってのは自分を必要以上に大きく見せたがる生き物なんだよな。

そして、**偽りの自分を演じているうちに、本当の自分を見失ってしまうものなのかもしれない。**

例えば、子どもの運動会に出た親が、ついつい若い頃と同じような感覚で走って転んでしまったり、ひどいときには肉離れやアキレス腱《けん》を断裂したりと、笑えない状態になる人がいるじゃない。

運動会の話はあくまでもたとえだけど、どうしても、「むかしの自分」を追い求め過ぎて、「いまの自分」から目を背けたくなるみたいだ。その結果、現実を無視して理想だけを追い求めてしまい、痛い目に遭ってしまう。それって本当にカッコ悪いことだと思う。

年相応でいいじゃない、身の丈に合った生き方でいいじゃない。

ポコチンの勃《た》ちだって若い頃のようにはいかないよ。10代の頃のようにあんなにギンギンだった時期は夢のまた夢……。だから、ＥＤ薬に頼って無理やり勃たせている人もいるけれど、無理にドーピングしなくても、勃ちが悪くなってもいいじゃない。もういい年なんだからさ、勃たなくてもいい、挿入に頼らないセックスを追求してみてもいいじゃない。

それこそが、加齢によって得た〝得るＥＤ〟だよ。それが、ＬＥＤとはまた違う心の灯火《ともしび》だよ！　なんだか、週刊誌の「死ぬまでセックス」みたいなことをいっているけどさ、それこそ身の丈に合ったセックスをすればいいじゃない。

誰だって、若い頃はどうしても見栄《みえ》を張りたくなったり、カッコつけたりしたくなる。もちろん、オレもそうだったよ。だけど50代も半ばを過ぎて、いまさら背伸びをしたってどうにもならない。いくら背伸びしても、成長期の若者ではないのだから、いくら張り切ったところで縮むことはあっても、背は１㎝どころか、１㎜も伸びないよ。もちろん、シークレットシューズを履いて身長をごまかす必要もない。

そう考えたら、かなり気持ちが楽にならない？

いい年したオレたちに必要なのは、「アンチ・アンチエイジング」という考え方だよ。

その思いは、どんどん強くなっている。

イキり過ぎることなく、やらかし過ぎることなく、高望みもせずに。
これからは、身の丈に合った生き方で歩いていきましょうや。

スナックは、生きた勉強ができる絶好の学び舎

定年後も学び続ける――。

老後に楽しめる趣味を見つける――。

これもよく聞く〝教え〟のひとつだよな。定年後、時間ができてから大学に入り直して、本格的に勉強をはじめる人もいるだろう。将来を見据えて、「なにを勉強しようかな？」とオープンカレッジに通う人もいる。「大将」こと、萩本欽一《はぎもときんいち》師匠は73歳のときに駒澤大学の仏教学部に入学して、若者たちに交じって楽しくキャンパスライフを送っていたよね。

あるいは、「定年後に起業をしよう」とか「新たな仕事をやろう」と考えて、資格取得の準備をはじめる人もいる。

雑誌の『サライ』なんかを読むと、新たな趣味として、作務衣《さむえ》を着て陶芸をはじめたり、利き酒師やソムリエの資格を取ったりする人もいるみたいだ。

いずれにしても、自分のやりたいことがあって、いわゆる「第二の人生」を前向きに生きていく気力に満ちていて素晴らしいと思う。

だけど一方では、「まったくもって、なにをしていいのかわからない」とか、「どうやって定年後の時間を潰《つぶ》そうか?」と悩んでいる人もいる。

そんな人におすすめなのが、スナックだよ。オレ自身が一般社団法人全日本スナック連盟の会長であり、「スナック玉ちゃん」のオーナーだからということもあるのだけど、ぜひスナックの魅力を再確認してほしい。

それこそ、**50代以降の人が抱える悩みなんて、ほとんどスナックが解決してくれる。**

全日本スナック連盟では、スナック通である「スナッカーズ」になるための「スナック心得10ヶ条」を策定している。それは、50代以降の中年にとって、常に肝に銘じていたい大切な教えばかりだ。

以下、全日本スナック連盟のホームページから引用させてほしい(原文ママ)。

①威張っている人は嫌われる!

スナックは楽しくみんなで飲む場です。

威張った態度で呑んでる人は、他のお客さんは黙っていますが、腹の中で笑われているみっともない客なのです。

②ママのジャッジは絶対！

ママはお店の裁判官！　ママに「飲み過ぎだから、この辺にしたら」などと言われたら素直に聞いて帰りましょう。

③カラオケ独占禁止法！

自分たちだけでカラオケを独占して人に歌わせない事。店全体の空気が悪くなります。

④人の歌には拍手をしよう！

自分がしてもらったらもの凄《すご》く嬉しいでしょ？　だったら人が歌っている時に拍手で返しましょう！

⑤街のキャッチの言葉は１００％嘘なので信じない！

甘い言葉で声をかけてくるキャッチ（客引き）。
基本スナックはキャッチはないので、
キャッチがお勧めするスナックに行くのはトラブルのもとなので行かないようにしよう。

⑥お店の値段交渉をママとやってみよう！

スナックは高級寿司店のように値段表記がない場合が多い。
ひとりいくらで飲めるのか？　ボトルを入れたらいくらなのか？
ママに直接交渉して自分が払える範囲を理解してもらって楽しく飲もう！

⑦トイレはキレイに使おう

トイレに入ったら床がビショビショ！　そんな状況は酔いも一気に冷めてしまいます。
綺麗《きれい》に使って気分よくやりましょう。

⑧政治や宗教の話題は無しにしましょう。

なにも堅苦しい話をする必要はスナックにはないのです。

⑨ママやアルバイトレディにしつこくするのはやめよう。

寛容な人たちですから、ついつい度を越してしまってしつこい態度をとると本当に嫌われてしまい出禁になることがあります。

いい距離感で楽しみましょう。

⑩綺麗な会計をしよう。

会計の支払いぶりこそ人間力がアップする瞬間です。

ツケも効く店もあるでしょうが、綺麗に支払いをしてまた遊びに来ましょう。

どうだい？　この「スナック心得10ヶ条」は、**単に「スナックのマナー」であるだけじゃなく、「50代以上の大人のたしなみ」として、あらゆることに応用できる教えだよな。**

定年後を見据えて大学で学び直すのもいいし、第二の人生に備えて資格を取るのもいい。だけど、そんなに堅苦しくなくても、**近所のスナックに飛び込んでみるだけで、いろいろなことが学べるはずだよ。**

これからの残りの人生を歩んでいくうえで、生きた勉強ができる絶好の学び舎《まなや》――それ

が、スナックなんだ。

銀座のクラブのようなハードルの高さはまったくない。ちょっとしたお小遣い程度で、楽しく呑めて、歌えて、人生勉強もできる。

まったく最高だよな、スナックは！

定年後の田舎暮らしは甘くない

田舎暮らしがブームになって久しい。

テレビでもよく大々的に特集されているし、専門誌や専門書まで発売されている。

子育ての役目も終え定年後に時間ができたら、都会を離れて自然の豊かなところでのんびりと暮らそう。晴耕雨読の人間らしい生活をしよう。そう考えて、都会の家を売り払って田舎暮らしをはじめる人が多いという。

その気持ちはわからなくもないけれど、オレとしては、**「悪いことはいわないからやめておけよ」といいたくなる。**だってあれは、テレビの世界だけの幻想だから。メディアが伝えているのは表面上の、明るく楽しいファンタジーな側面だけであって、その背後には現実に即した大変さや苦労がある。

田舎暮らしはそんなに甘いものじゃない。

田舎で生まれて田舎で育って、田舎に対する免疫がある人なら話は別だよ。生まれ育った環境に近い場所で、本来の自分に戻ってのびのびと暮らすのは気持ちがいいだろう。でも、そのときに注意しなければいけないのは、パートナーも同じ志向や考え方を持っているかどうかということだよ。自分だけが「田舎は最高！」と思っていても、パートナーが「都会のほうが便利で快適ね」と考えているのならば、うまくいくはずがない。

オレの場合は、新宿生まれ新宿育ちなので、本当の意味での「田舎での生活」というものを知らない人間だ。だから、これから書くことは、田舎暮らしをしたオレの友人から聞いたことや、テレビで観たり本で読んだりしたことばかりで、オレの勝手な思い込みや独断も含まれているかもしれない。

だけど、**実際に経験した人の話を聞くと、多くの人が「理想と現実は違いました」と口にしているのも紛れもない事実だよ。**

オレの友人が長野県で不動産業をやっているのだけど、50代、60代の夫婦が「定年後に夫婦で移住したい」とやってくるんだって。話を聞いてみると、みんな一様に「老後は土と戯れて、自給自足しながら穏やかに暮らしたい」というそうだ。

でも、いざ暮らしはじめてみると、せいぜい2年程度で「物件を引き払いたいんですけど……」と相談されるという。その理由を尋ねると、次から次へと飛び出してくる。

「冬の寒さに耐えられなくて……」

「買い物で町まで降りていくのが大変で……」

「あまりにも蚊が多くて……」

「このあたりは蛇がたくさんいて……」

「ご近所さんとうまくやっていけなくて……」

もう、キリがないらしい（苦笑）。で、そのほとんどが「田舎暮らしなら、それは当然のことでしょ」といいたくなるものばかりだというんだ。

だから、オレの友人なんかは笑いが止まらないと思うよ。ひとつの物件が、数年おきに何度も売れていくのだから。

一時期話題になった**「スローライフ」や「ロハス」は、ある程度の文明に支えられて可能になるものなんだよ。**倉本聰《くらもとそう》が原作・脚本を書いた名作『北の国から』のように、本当の山奥で生活するということにはあらゆる困難が伴うということがイメージできなくてさ、いざ暮らしてみたときに理想と現実のギャップに失望してしまうのだろう。

それこそ、もしも金にだいぶ余裕があって、「老後は気候が温暖なところでのんびり暮らしたい」なんて考えているのなら、いきなり石垣島や久米島《くめじま》なんかを目指すのではなく、まずは都市生活のインフラが整っている沖縄本島の那覇《なは》市のマンションあたりで生活をはじめたほうがいいよな。

友人・知人関係は少数精鋭が理想的

仕事を軸にして見た場合、人脈が多いほうが有利なのは間違いない。

「この案件ならあの人が頼りになる」とか、「あの問題はこの人の得意分野だ」って、知り合いが多ければ多いほど、仕事のうえでは心強いものだから。

だけど、いざ仕事を離れて、プライベートで心おきなく過ごせる友人、親友というのは、実際のところどれくらい必要だろう？　オレの場合は、**「友人なんか少なくてもいい」**というのが本音かな。

プライベートでは、「友人の数」よりも「友人の質」が大切になる。

いい年して、「オレには100人の友人がいる」なんて豪語しているやつがいたら、かえって怪しいよ。そんなやつオレは信用できない。むかしのCMの歌詞じゃないけどさ、「友だち100人できるかな？」なんて望んでいるのは、小学校入学前の幼稚園児くらいなものだよ。

50代以降の友人・知人関係は、少数精鋭が理想的じゃないかな？

例えばさ、「今後のために」という打算とか、利害関係だけで付き合ってきたわけじゃないにせよ、年齢を重ねて仕事の内容や取り組み方が変わっていけば、関わっていく人だって変わるのが当然だと思う。

それだけじゃなく、学校の同窓会でも、卒業以来はじめて会う人間って必ずいるよな。その瞬間は懐かしいし、思い出話に花が咲くこともあるけれど、話のネタが尽きたときにそれ以外の話題で盛り上がるのはなかなか難しい。なぜなら、卒業後に歩んできた道はバラバラで、「ともに同じ時期に同じクラスだった」という共通項しかないから、なにを話していいのか、お互いに手探り状態が続くからだよ。

それってさ、社会に出てからの人間関係もまったく同じことがあてはまるよ。

たまに会って、むかしの思い出話に花を咲かせる仲間はいてもいいよ。ただ、それだけの関係ならば、そんなに頻繁に会う必要もない。

こんなことをいうと、血も涙もない非情なやつだと思われるかもしれないよな。

でも、**50代を迎えたいま、そんなに多くの友人を追い求める必要はないし、「友人なんかひとりかふたりいればいい」という割り切りも大切になってくる。**

もちろん、いざこざや喧嘩《けんか》が原因でそうなるわけじゃない。

いま風のアイドルっぽくいえば、それは〝卒業〟ということになるだろうし、オレなりにいえば、人間関係に〝解脱〟はあると思う。運命の偶然で、ある時期にお互いに知り合って関係を築いて、その時期が過ぎたらいい感じで別れていく。

そこには、ネガティブでウエットな感情なんかなにもないよ。

近年、年賀ハガキの売り上げが年々、減少しているんだって。形式的な賀状のやり取りも、だんだん廃れていくんだろう。でも、それも時代の流れだよ。その代わりにメールを送ったり、ＬＩＮＥでやり取りしたり、デジタルでのつながりがさらに強まっていく。

でも、それでいいよな。なんの問題もない。

正直なところ、仲のいい人間はたくさんいるけれど、オレは芸能界に〝本当の友人〟と呼べる人は少ないと思う。けれども、学生時代に一緒につるんでいた連中や、地元の呑み仲間など、気心知れた友人、一緒に酒を酌み交わして楽しく呑める仲間はそれなりにいる。

それだけで十分幸せだよ。

それで十分満足だよ。

もちろんさ、仕事関係でもプライベートでも、一時的に離れた場合だって本当に縁があれば、またどこかで「おっ、久しぶり！」と再会することもある。

喧嘩別れさえしていなければ、またその時点からお互いになんのわだかまりもなく、また新たな関係がはじまるだろう。それはそれで、オレとそいつの〝第二章〟という感じで、なかなか面白いよな。

わだかまりを残したまま別れた人とは、もうそれっきりになってしまうのかって?

それはオレにもわからないし、オレも答えを知りたいひとりだよ。もういちど新しい関係を築いて、「またやり直してみようか」と新たな道を歩みはじめるのか? それとも、「やっぱり、この人と一緒にやっていくのは無理だ」と感じるのか——。

それもこれも、神のみぞ知るってことにしておこう。

わだかまりがある〝相手〟がいるオレには、そうとしかいえないな。

意識的に「小さな幸せ探し」を心がける

これは男性に顕著なことだけどさ、年齢を重ねていくうちに、どうしておじさん、おじいさんといった連中は、ブスッと不機嫌そうな表情で過ごしているのかな?

不機嫌そうな仏頂面の人がいるだけで、周囲の空気がピリピリして、すごく嫌なムードになるじゃない。これは、みんなが経験していることだと思う。

勝手に、「笑ったら負けだ」と勘違いしているのか、「人前で白い歯を出すのは恥ずかしい」と思い込んでいるのか、あるいは、本当になにも楽しいことがないから不機嫌なのか？　その理由はわからない。だけど、負のオーラをまき散らすよりは、明るく楽しいムードを振りまいたほうが絶対にいい。

特に、中高年男性の場合は、ただでさえ辛気臭いムードに陥りがちなんだから、意識的にでも明るくバカやっていたほうがいいよ。

その点、オレはバカをやるのが仕事だし、周囲のスタッフや「スナック玉ちゃん」のお客さんなど、いつでもみんなの笑顔に囲まれているのは幸せなことだよな。

もちろん、仕事の場を離れてひとりになったときには、辛《つら》いことも、悲しいことも、さみしいこともある。これまで何度もいってきたように、カミさんが家を出ていってからは、なにかとふさぎがちな気分に支配されることだってある。

でもオレは、そんなときこそ、「小さな幸せ」を探すようにしている。

春先にそよ風が吹いて、女の子のスカートがふわりとした瞬間に「おっ！」ってドキッとするだけでも嬉しいよな。自分からパンツをのぞきにいったらそれは犯罪だし、笑えないよ。でも、突然のアクシデントで、チラッと見えた喜びを大切にしたいよな？

あるいは、行きつけの居酒屋に入ったら、大将が「よかったら、どう？」って、メニューにない一品を出してくれたら、それだけで「ラッキーだな」って頬が緩む。「ちょっと一人前分には足りないから、お代はいいよ」って、マグロの切り身をサービスしてくれたら、「生きていてよかったな」って思うよな。

本当に些《さ》細《さい》なことかもしれない。

取るに足らないちっぽけなことかもしれない。

だけどさ、たったそれだけのことで、なんだか幸せな気分に浸ることができる。

「よし、明日からも頑張るぞ！」って。

そんな思いが少しでもあれば、仏頂面でまわりのムードを暗くすることもなくなるはずだよ。きっと、年をとると喜びを感知するセンサーが鈍くなっていくのだろう。だからこそ、**50代以降は喜びセンサーがさび付かないように意識的に「小さな幸せ探し」を心がけ**

たほうがいい。

きちんと幸せを感知できれば、自然と笑顔も出る。

ひとつの笑顔は、さらなる笑顔を生む――。

50代のいまこそ、「小さな幸せ」を大切にして、笑顔で生きていこうじゃない。

人生という名のトラックは、まだまだ走り続ける

前作『粋な男たち』のなかで、**オレは人生をトラックの荷台にたとえている。**

若い頃は、自分自身がまだ軽トラックみたいなものだから、積み荷もだいぶ少ない。

だから、あまり多くの荷物を積むことができずに、すぐに「重いよ」って泣き言をいいながら、なんとか目的地まで辿《たど》り着いていた。

ときには、自分のキャパシティーを超える荷物を与えられて過積載のまま走り出し、どうにかこうにか荷物を届けたこともあれば、途中で荷台から荷物をぶちまけてしまったこともあった。

けれども、それを何度か繰り返しているうちに、少しずつトラックが大型化していって、積める荷物の量も急激に増えてくる。少しずつ人間としてのキャパシティーも増えていったというわけだ。

もちろん、積み荷の内容も変わってくるよな。

雑に放り投げても大丈夫な頑丈なものから、一歩間違えたら大爆発を起こしてしまうような取扱注意の危険物を依頼されるケースも増えてくる。

こうして、〝人生という名の高速道路〟を、ときには日帰りで近距離を、またあるときには何日もかけてロングドライブをしながら、人は何往復もしていくのだろう——。

そんなようなことを、前の本では書いた。

そして50代も半ばを過ぎたいま、相変わらず「玉袋筋太郎号」は走り続けている。「身の丈に合った生き方を」といいつつも、相変わらず、自分のキャパを超える荷物に囲まれて、オレは過積載のままでいる。

だけど、30代、40代の頃と比べたら、確実に積み荷の内容は変わってきたように思う。

それに以前は、「とにかくどんどん積み込め！」という思いで、後先考えずに荷物を積んでいたのだけど、いまとなっては、さすがのオレも学習したよ。ちゃんと配達ルートを頭に入れたうえで、「遠くのものは奥に、近くのものは手前に」って積んで、集荷も配達もできるようになった。

ただ、年齢を重ねたことで、トラックにもかなりガタがきはじめている。車検はとおるのだけど、最新のEV車に比べたらあまりに燃費は悪過ぎる。それでも、懸命に自分なりに日々、走り続けている。


これからいよいよ、60代を迎える。その先には、70代も待っている。オレがいま乗っているトラックはいつまで走り続けることができるのだろう？　思い切って荷物を投げ出して、新車に買い替える日がくるのだろうか？

いや、オレはEV車を乗りこなすことはないだろうし、新車も買わないし、ましてやドローンみたいなものを操縦することもないだろう。

これからは、このオンボロトラックをうまい具合に手なずけながら、エコドライブを心がけていく必要があるように思っている。

東京都のディーゼル規制じゃないけどさ、内燃系の駆動力でありながらも、変な排ガスを出さないように、有害な黒煙をまき散らさないようにていねいな運転をしていかなくちゃいけないよな。

プライベートでは、家を出ていったカミさんとの問題、認知症が進行している母親のこと、孫の健やかな成長を手助けすること……。やるべきことは思いのほか多い。

仕事では、「玉袋筋太郎」というひとりの芸人として頑張っていくこと、自分にしかできない笑いを追求すること、店の経営のこと。

そして、博士との関係、浅草キッドのこと、師匠とのこと……。

こっちも課題が多い。

人生はトラックの荷台のようなもの——。

その思いは、50代を迎えてさらに強くなっている。

きっと、まだまだ道は長いよな？

いや、ひょっとしたらその道は、すぐに途切れてしまうのかもしれない。

明日のことは誰にもわからない。
だけどオレは、ハンドルをしっかり握って、もう少しトラックを運転していくよ。

おわりに――美しく枯れるために

前作の『粋な男たち』を出版したのが2018年7月のこと。天皇陛下が退位されることは発表されていたけれど、元号はまだ「平成」で、「令和」になる以前のことだった。

それからしばらくして、世界中は新型コロナウイルスの脅威にさらされた。同時に、人々のなかにあったこれまでの志向が変わり、新たな価値観とともに生きていくことになった。

「緊急事態宣言」で、街中がゴーストタウンのようになったり、世界中の人がマスクで生活するようになったりするなんて、いったい誰が想像しただろう。

その間、個人的にも超大型台風とゲリラ豪雨に同時に見舞われたような激動の時代を迎えることになった。激流に呑《の》まれて息絶え絶えのなかで、必死に手足をばたつかせながらなんとか生きてきたような気がする。

本書のなかで何度も述べたように、長年お世話になった事務所を離れ、〝ひとり親方〟として個人で活動することになった。

その結果、浅草キッドは活動停止状態となり、師匠である殿との距離もできてしまった。プライベートでは「初孫の誕生」という嬉《うれ》しいトピックの一方、自分のせいでカミさんに逃げられてしまうという出来事もあった。

喜びも悲しみも幾歳月——。嬉しいことも悲しいことも、本当にいろいろあったよな。

なにが起こってもテレビやラジオに出るときには、あるいはステージでお客さんを前にしたときには、これまでやってきたように「玉袋筋太郎」というひとりの芸人として、精一杯バカなことをやって、みんなに楽しんでもらおうと心がけてきた。事務所に所属していようが、個人でやっていようが、その思いが揺らぐことはないよ。

ただ、仕事が終わって家に戻ったときに、本名の「赤江祐一《ゆういち》」として、ふとこれまでの人生に思いを馳《は》せることもあった。

50代はいろいろなことが起こる年代なんだな……って。

同時に、こんなことも思ったよ。

これからの人生、美しく枯れていきたいものだな。

オレたち芸人の仕事には、明確な「区切り」というものがない。気づけば番組がはじまり、気づけば番組が終わり、また別の仕事がはじまっていく。そのサイクルの繰り返しで気忙《きぜわ》しい時間を過ごしているうちに、光陰矢の如しじゃないけれど、一瞬のうちに数年が経ってしまう。

忙しさにかまけてそんな生活を続けていると、あっという間に年を取り、あっという間にあの世に行くことにもなりかねない。

だから今回、前作も担当してくれた編集者から、「あらためて本を出しませんか？」といわれたときには、「ここ数年のあいだに自分に起こったことをきちんと記録しておきたいな」と思って快諾したんだ。

決して誇るべき人生でもなく、人様に偉そうに語れる人間じゃないことはよくわかっているよ。だけど、ひとりの50代の男として、自分の身の回りで起こったこと、そしてそのとき感じたことを正直にありのままに述べることは、人生の折り返し地点に差しかかっている同年代の人たちに、なんらかのエネルギーを与えることができるんじゃないか？　そんなふうに考えた。

そして、長年の相棒である水道橋博士や、これまでもこれからもずっと尊敬しているビートたけし師匠、あるいは苦労ばかりかけているカミさん、愛する息子夫婦と可愛い初孫、そしてオレを愛し育ててくれた母親、お世話になったすべての人たちに、50代のいまの心境、オレの素直な気持ちを伝え、かたちとして残しておきたいとも思った。

できるだけ正直に、本当の気持ちを伝えるように心がけていたから、読者のみなさんのなかには、「玉袋は泣き言ばかりいっているな」とか、「ずいぶん気の小さい男だな」とか、「人の顔色ばかりうかがっているコスい男だな」なんて思う人もいるかもしれないよな。

でも、それが偽らざるいまのオレの姿なんだよな。

「はじめに」でも書いたけれど、いつまでも「辛《つら》い」とか「大変だ」とかいっていても仕方ないじゃない？

だからさ、**オレはオレなりにこれからの人生を考えて、生き方の軸を「美しく枯れる」ということにしたわけだ。**

人生ウォータースライダーでいえば、自分が滑り降りる番が徐々に近づいてきていることは間違いない。「起承転結」の、「転」に差しかかっているといえる。

ここからの人生、オレにはどんなことが起こるのだろう？

50代になった途端、急にいろいろなことが起こったから、これから迎える60代、70代はさらに波乱万丈なものになるのかな？　それとも、少しは平穏で心安らかな日々が待っているのかな？

いや何度考えても、穏やかで安らかなものにはならないのだろうな。

でもさ、それは望むところだよ！

そのほうが人生、楽しいじゃない。

前作に続いて今回も、オレの本を最後まで読んでくれたことに心からの感謝の気持ちを伝えたいよ。ナルシストみたいな言い方で気持ち悪いし、独りよがりな言い方になるけれど、これからも「玉袋筋太郎」という芸人の生き様を見届けてほしい。

決してカッコいいものではなく、不格好で情けない醜態を晒《さら》しちまうかもしれないけどさ、これからもオレはありのままに生きて、美しく枯れていく人生を目指していくよ。

読者のみなさんにも、これからの人生、いろいろなことが待ち受けていると思う。辛いことも泣きたくなることもあるかもしれない。

そんなときには、このオレのバカやってる姿を見て、少しでも気持ちを紛らわせてもらえると嬉しい。そしてお互いに、70代になった頃にでも、「また会えたな！」なんて、笑いながら中野あたりの大衆居酒屋で落ち合おうじゃないか。

でさ、そのときの合言葉は、「じいさんのキンタマ袋のように」だな（笑）。

オレたちが落ち合うまでに辛いことがあったらさ、自分のだらしないキンタマ袋を思い出してみなよ。きっと、気持ちも紛れるはずだからさ。

玉袋がたどり着いた結論がキンタマ袋なんて、いかにもオレらしいよな。

「美しい枯れ方」を模索しながら、お互いに楽しく生きていこうな。

ここまで読んでくれて、どうもありがとう。

2024年3月

玉袋筋太郎

装丁	阿部早紀子
本文デザイン	木村友彦
カバー写真	川しまゆうこ
編集	岩川 悟
編集協力	長谷川晶一、佐藤香奈
制作協力	田代真実（株式会社オフィスたーさん）
撮影協力	「つきのや」（南阿佐ヶ谷）

玉袋筋太郎（たまぶくろ　すじたろう）
1967年、東京新宿生まれ新宿育ち。高校卒業後、ビートたけしに弟子入りし、1987年に水道橋博士とお笑いコンビ「浅草キッド」を結成。2020年、独立しフリーに。著書に、『粋な男たち』（角川新書）、『スナックの歩き方』（イースト新書Q）、『新宿スペースインベーダー 昭和少年凸凹伝』（新潮文庫）など。そのほか、「町中華で飲ろうぜ」（BS-TBS）、「バラいろダンディ」（TOKYO MX）コメンテーター、「金曜ワイド ラジオTOKYO えんがわ」（TBSラジオ）パーソナリティーなどでも活躍中。スナック好きが高じて赤坂に「スナック玉ちゃん」を開業、自身も不定期で店に立つ。一般社団法人全日本スナック連盟会長。

美《うつく》しく枯《か》れる。

2024年３月28日　初版発行
2024年８月10日　５版発行

著者／玉袋筋太郎《たまぶくろすじたろう》

発行者／山下直久

発行／株式会社KADOKAWA
〒102-8177　東京都千代田区富士見2-13-3
電話　0570-002-301(ナビダイヤル)

印刷・製本／大日本印刷株式会社

ISBN 978-4-04-114221-9　C0095
JASRAC 出 2309724-405